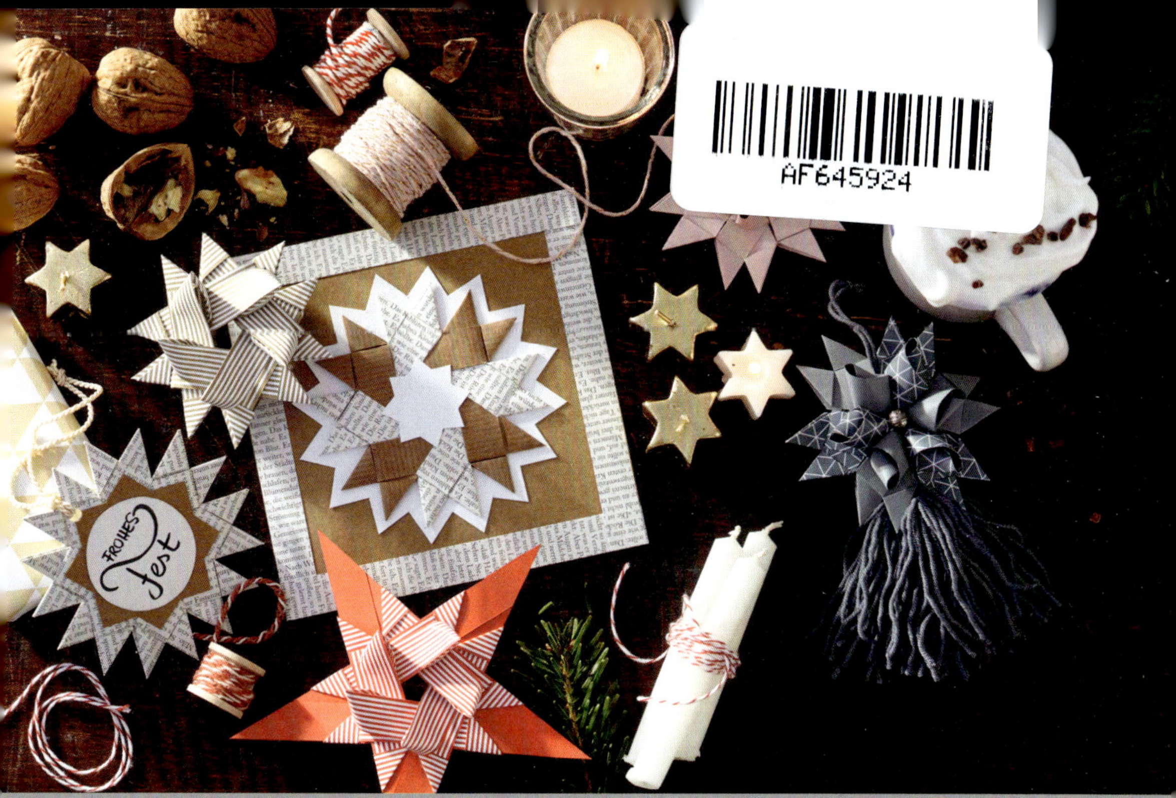

Funkle, funkle, kleiner Stern, ach was habe ich dich gern! Ohne die raffinierten Sterne aus Papierstreifen wäre mein Weihnachtsfest jedenfalls nur halb so schön. Jahr für Jahr sind sie ein fester Bestandteil meiner Weihnachtsdeko – sie hängen an Zweigen oder Kränzen, liegen auf dem Tisch zwischen den Kerzen oder geben den Geschenken den letzten Pfiff. Schon immer haben mich diese Sterne ganz besonders fasziniert. Irgendwann kam dann der Gedanke: Ein Fröbelstern aus vier Papierstreifen, das kann doch noch nicht alles sein!

Und dann saß ich da, umringt von einem riesigen Berg Papierstreifen, und begann nach neuen Wegen zu suchen. Versuch und Irrtum führten schließlich zum Ziel. Und so kann ich Ihnen nun stolz meine neuen Fröbelsterne präsentieren – aus fünf, sechs oder acht Papierstreifen gefaltet. Ich hoffe, Sie haben beim Falten dieser wunderschönen Sterne genauso viel Spaß wie ich!

Frohes Fröbelsternefalten und ein wundervolles Fest,

Susanne Pypke

5er-Stern in Goldtönen

klassisch schön

MOTIVGRÖSSE
ca. 9 cm

MATERIAL
- 5 Fröbelsternstreifen in Gold-glänzend, Gold-Weiß gestreift oder Gold-schimmernd, 1,5 cm x 45 cm

VORLAGEN
Schablone für 5er-Stern, Seite 44

Grundanleitung für Fröbelstern mit 5 Streifen

Die Grundform

1 Die fünf Papierstreifen wie auf den Umschlagklappen beschrieben vorbereiten. Dann den ersten Streifen wie abgebildet an der Schablone für den Stern mit fünf Streifen anlegen (siehe auch Arbeiten mit der Fröbelstern-Schablone).

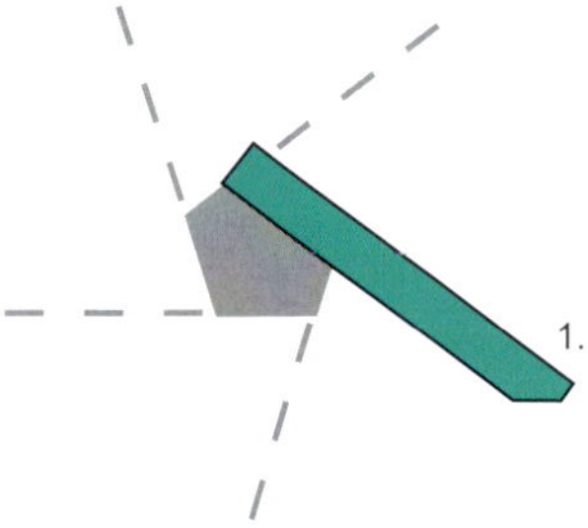

2 Den zweiten Streifen um den ersten herum einhängen und mithilfe der Fünfeck-Schablone ausrichten.

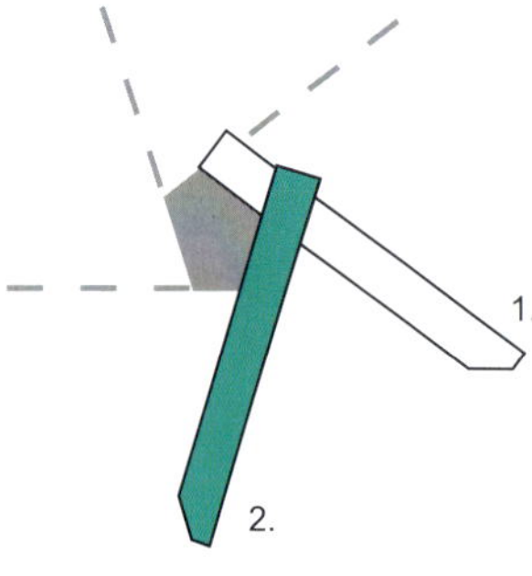

3 Jetzt werden der dritte und der vierte Streifen eingehängt und an der Schablone ausgerichtet.

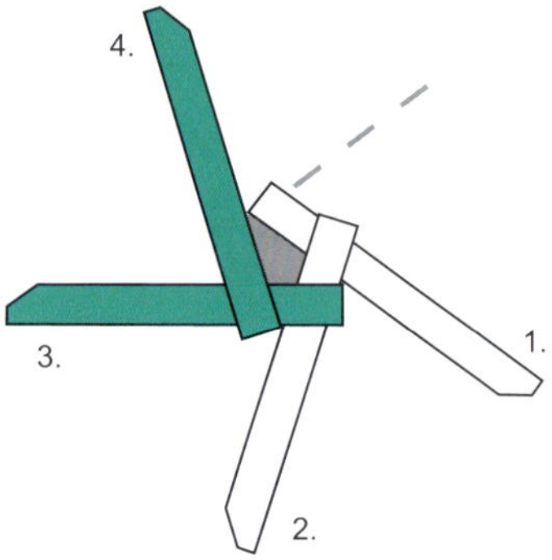

4 Den fünften Streifen ebenso einhängen und zum Abschluss der ersten Runde durch den ersten Streifen ziehen.

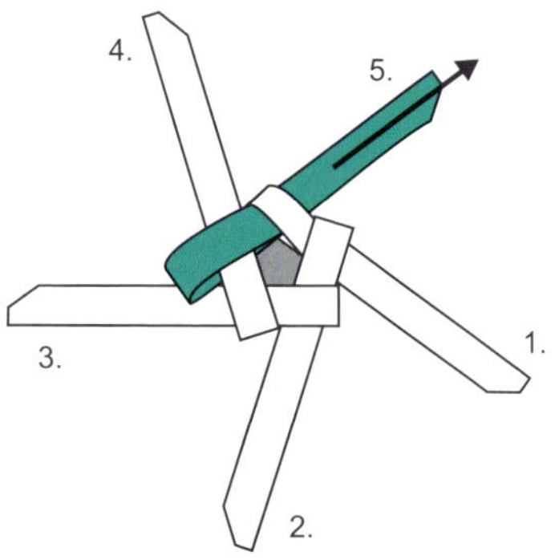

5 Die Streifen noch einmal ausrichten. Die markierte Stelle muss auf allen fünf Seiten sauber geschlossen sein.

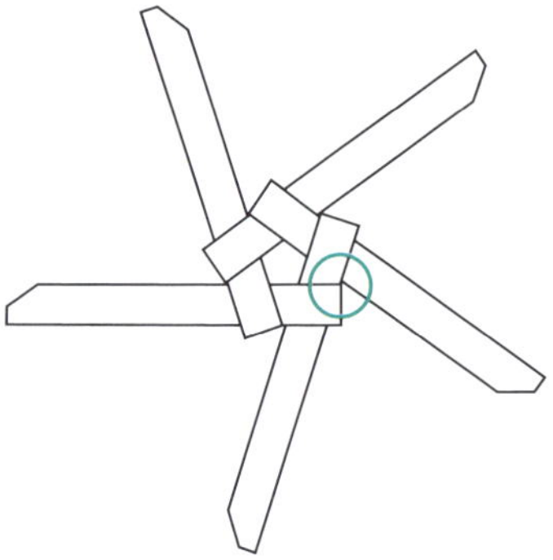

6 Nun beginnt die zweite Runde. Dazu die obere Lage des ersten Streifens an der markierten Stelle aus Schritt 5 falten, sodass eine lange Gerade entsteht.

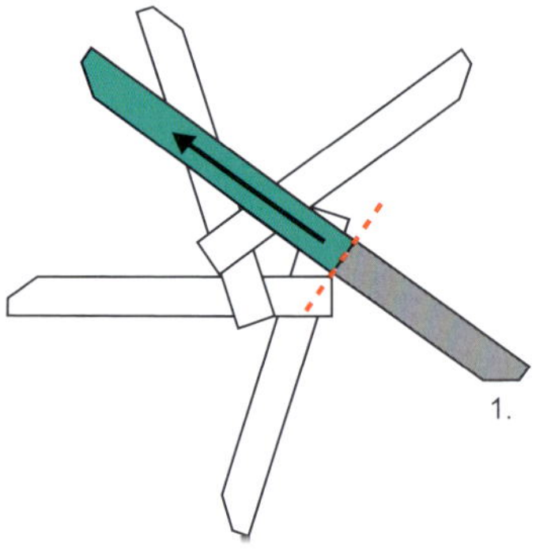

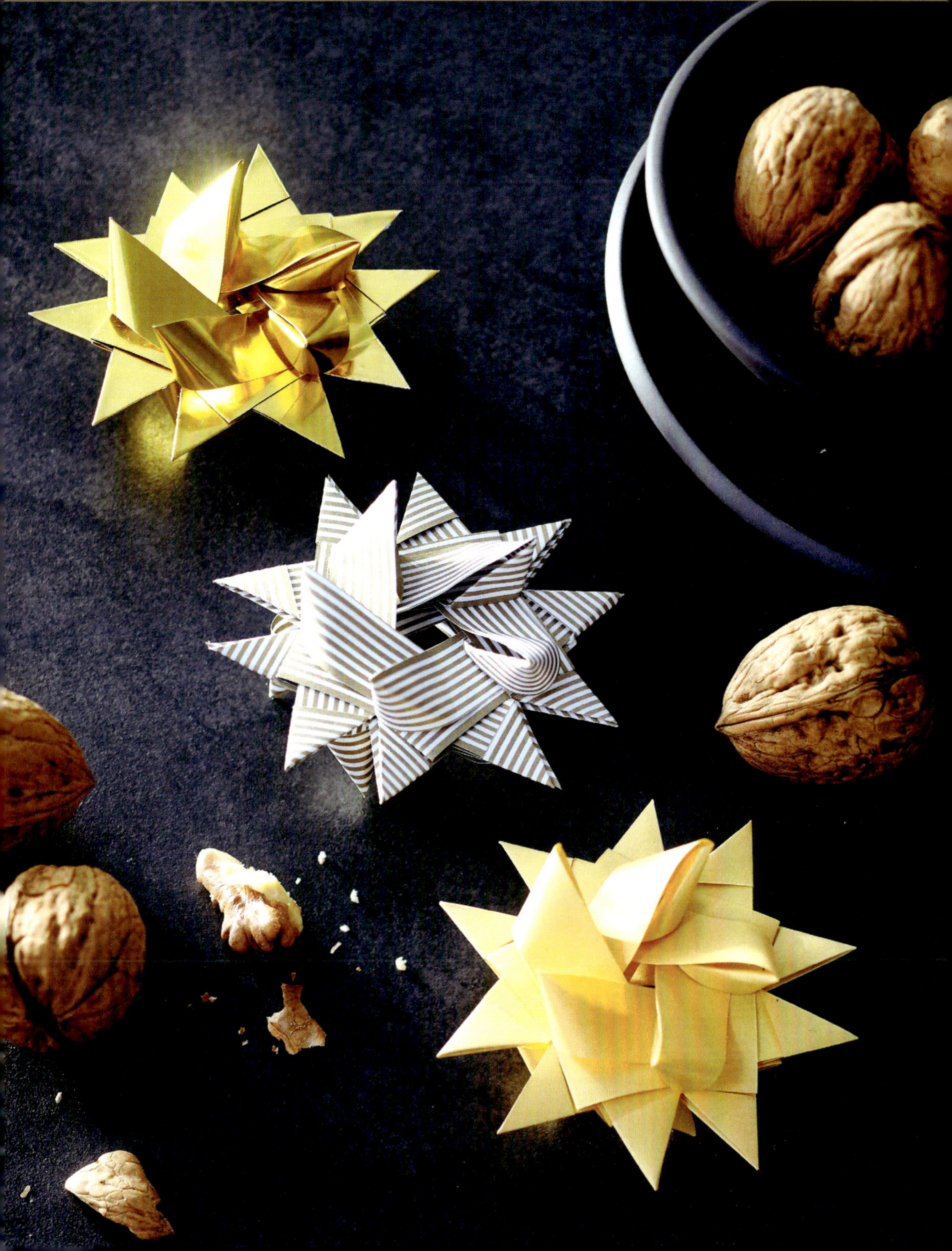

7 Den Schritt reihum entgegen dem Urzeigersinn mit den nächsten drei Streifen wiederholen.

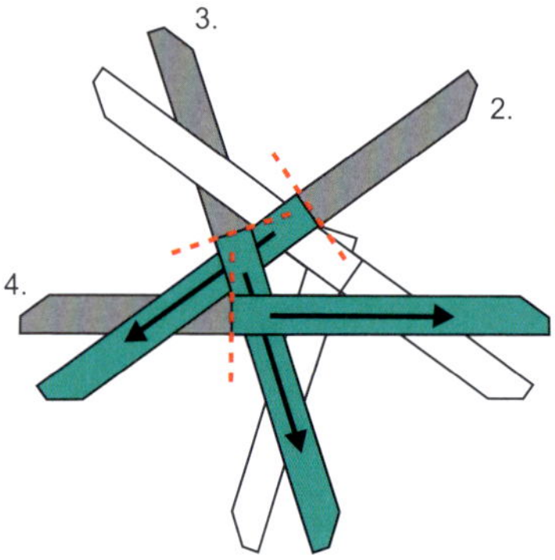

8 Den letzten Streifen ebenso falten und zum Abschluss der Runde durch die Lasche des ersten Streifens durchziehen. Damit ist die Grundform fertig und die fünf Streifen sind fest miteinander verwoben. Die Schablone wird nun nicht mehr benötigt.

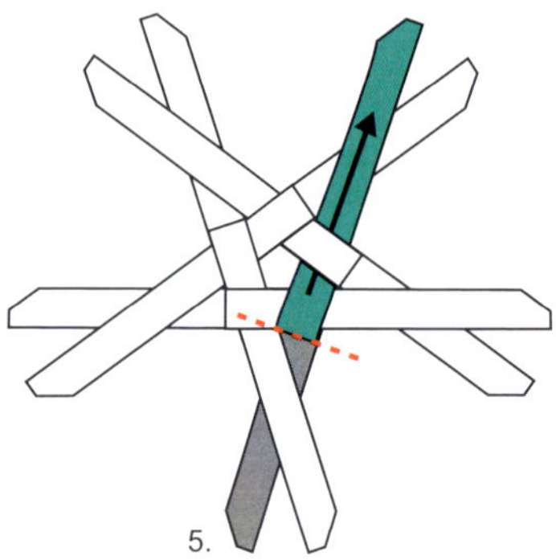

Die Sternspitzen

9 Das Fünfeck etwas gegen den Uhrzeigersinn drehen, sodass der rechte Streifen senkrecht ausgerichtet ist. Das obere Ende nehmen und über hinten nach rechts falten, sodass es einen rechten Winkel bildet.

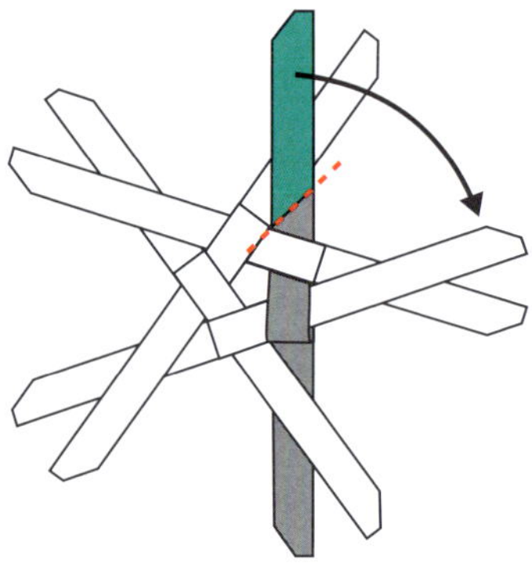

10 Dann das obere Ende über vorn im rechten Winkel nach unten falten, sodass es nun parallel zum unteren Ende liegt und sich oben eine Spitze bildet.

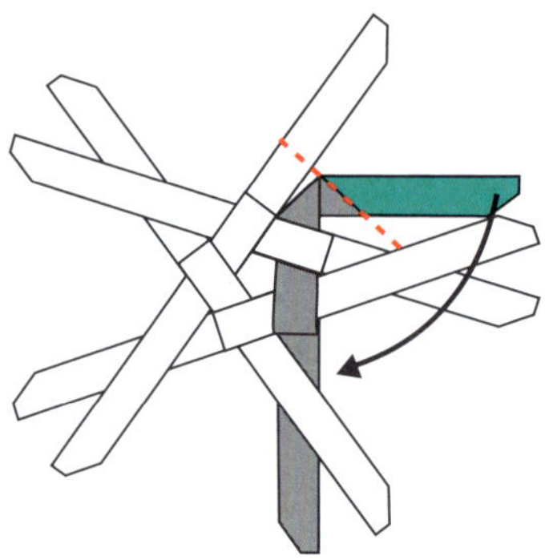

11 Die rechte Hälfte auf die linke klappen.

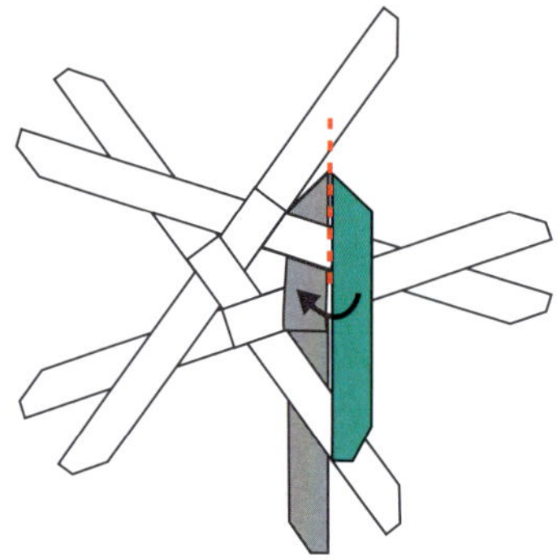

12 Die obere Lage nach oben falten und dabei die kleine Spitze nach hinten falten.

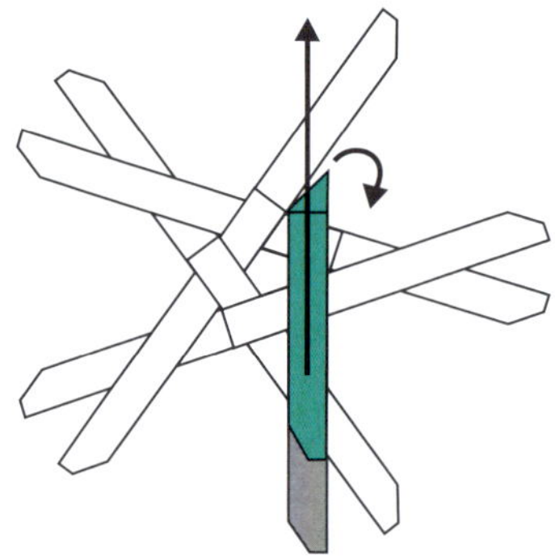

13 Schließlich das obere Ende greifen, durch die rot markierte Lasche stecken und nach unten ziehen. Dabei richtet sich die kleine Spitze wieder auf.

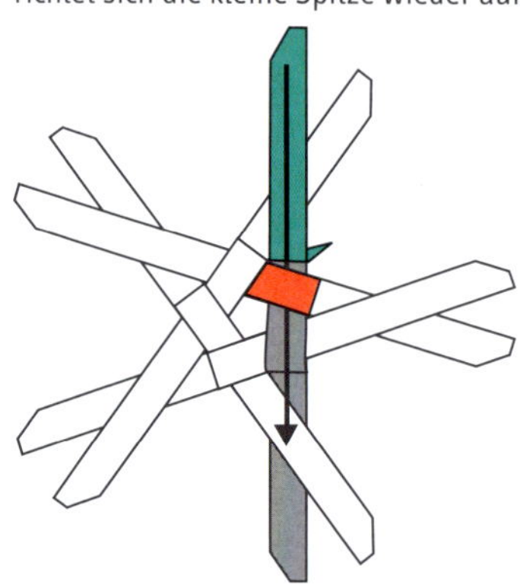

14 Damit ist die erste Sternspitze fertig und die Faltschritte werden reihum mit den anderen vier Streifen wiederholt.

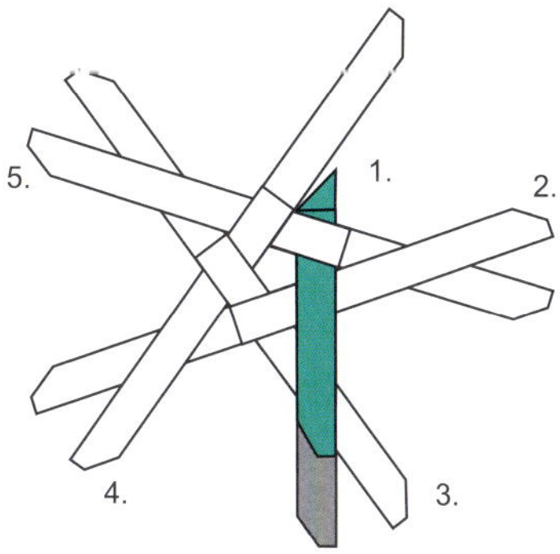

15 Nach der ersten Runde hat der Stern fünf Sternspitzen und wird gewendet.

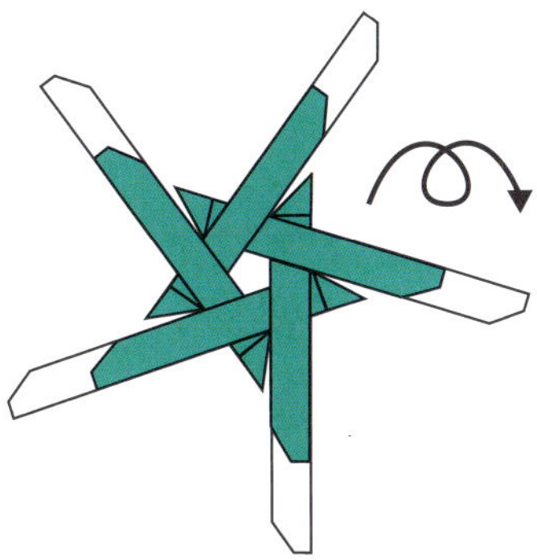

16 Den Stern wieder so hindrehen, dass der rechte Streifen senkrecht ausgerichtet ist. Dann die obere Lage nehmen und die Faltschritte 9 bis 13 wiederholen.

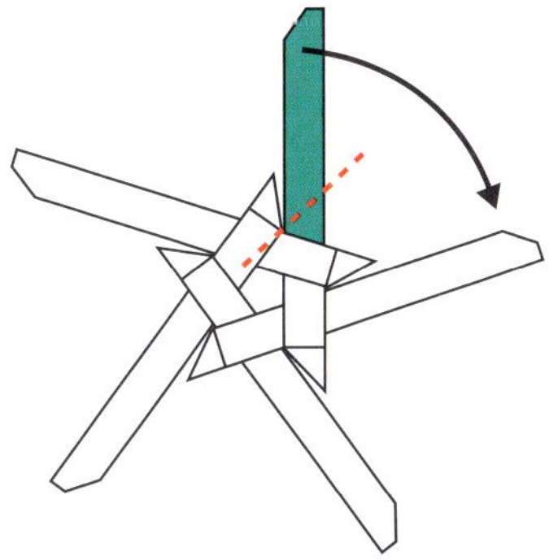

17 Wenn die Sternspitze fertig ist, die Schritte 9 bis 13 reihum mit den anderen vier Streifen wiederholen.

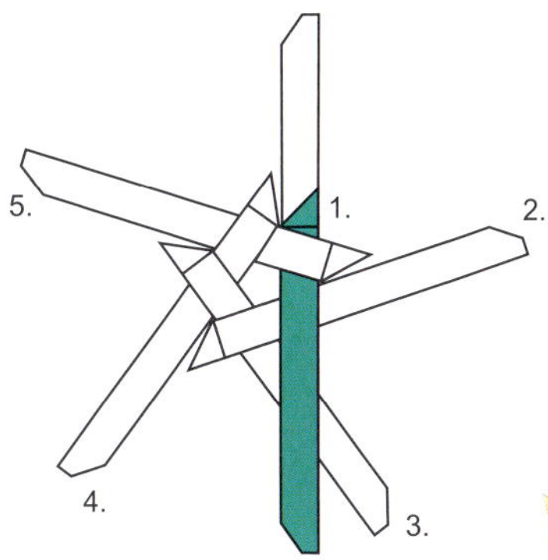

18 Am Ende der zweiten Runde sind alle zehn Sternspitzen fertig. Auf jeder Seite sind fünf Sternspitzen zu sehen, die anderen werden von den Streifen verdeckt.

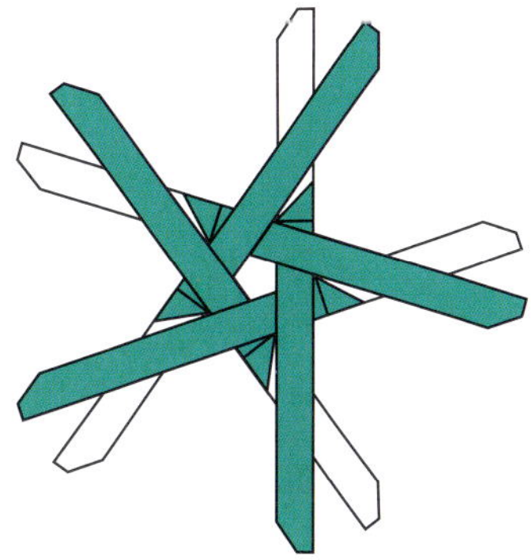

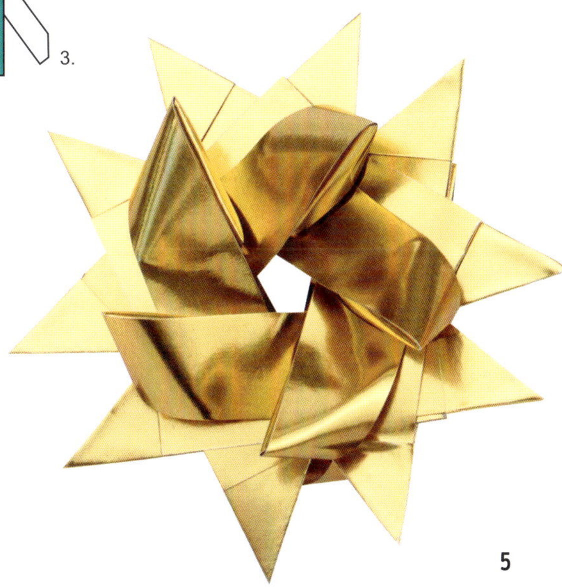

Die Sterntüten

19 Den farbig markierten Streifen an der Kante nach links falten, damit freie Sicht für die erste Sterntüte geschaffen wird.

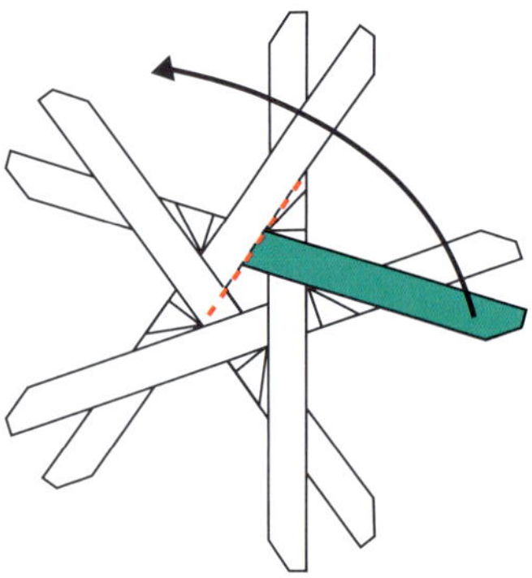

20 Nun das untere Ende des senkrecht ausgerichteten Streifens an der Kante schräg nach oben falten.

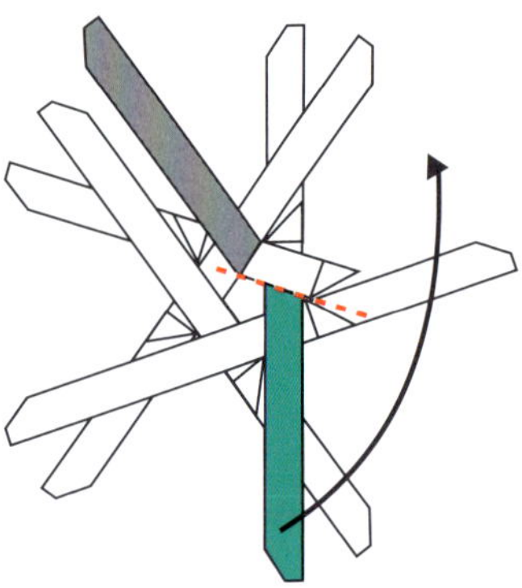

21 Den Streifen danach gegen den Uhrzeigersinn über rechts zur Schlaufe legen und unter dem zuvor nach oben gefalteten Streifen (grau) einstecken.

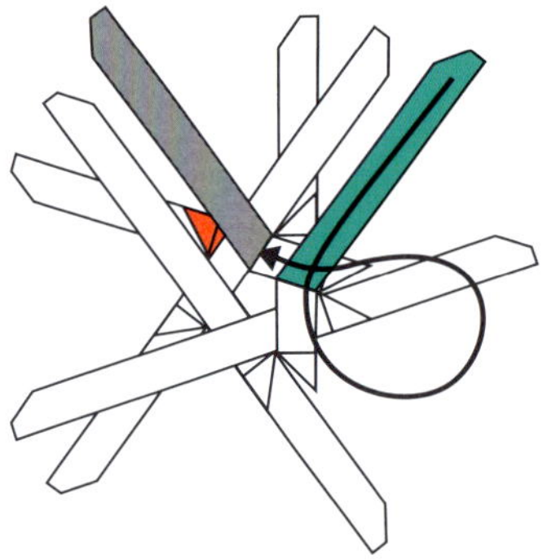

22 Den Streifen weiter unter den grau markierten Streifen schieben, bis er vorn an der Sternspitze (rot) zum Vorschein kommt …

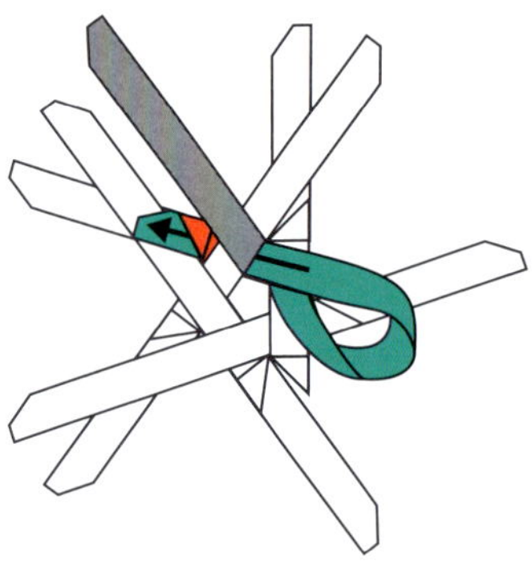

23 … und schließlich so weit herausziehen, bis er sich hinten zur Sterntüte eingedreht hat.

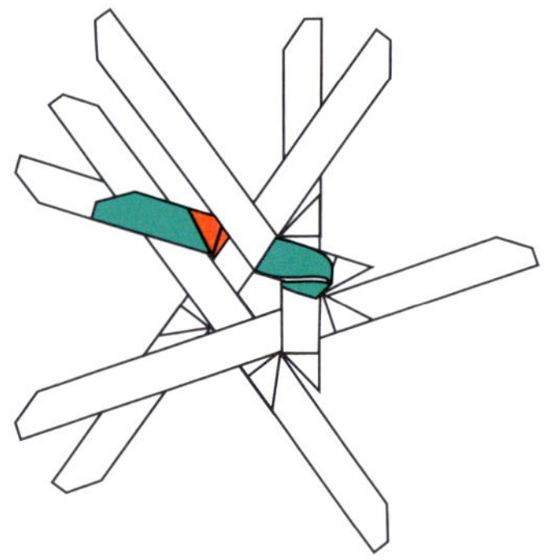

24 Die Sterntüte an ihren Platz schieben und ggf. etwas modellieren (siehe TIPPS), dann das Ende, das vorn aus der Sternspitze ragt, vorsichtig mit der Schere abschneiden.

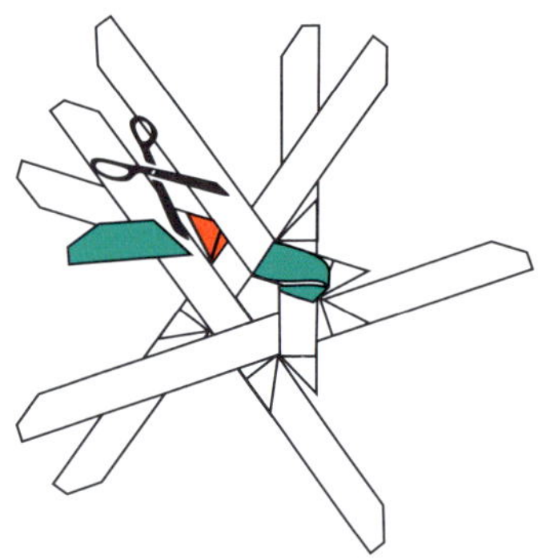

25 Den Stern gegen den Uhrzeigersinn drehen, bis der nächste Streifen rechts senkrecht ausgerichtet ist, und die Faltschritte 20 bis 24 mit dem zweiten Streifen wiederholen. Den dritten und den vierten Streifen ebenso zu Sterntüten formen.

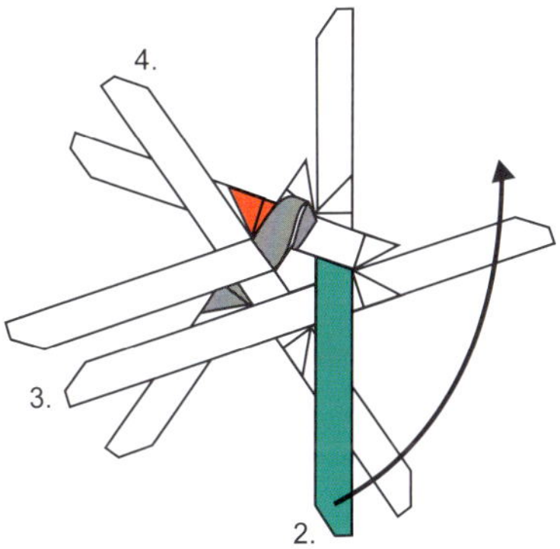

26 Zuletzt den fünften Streifen zur Sterntüte formen. Dabei wird Schritt 20 ausgelassen, da der Streifen bereits in Schritt 19 nach oben gefaltet wurde.

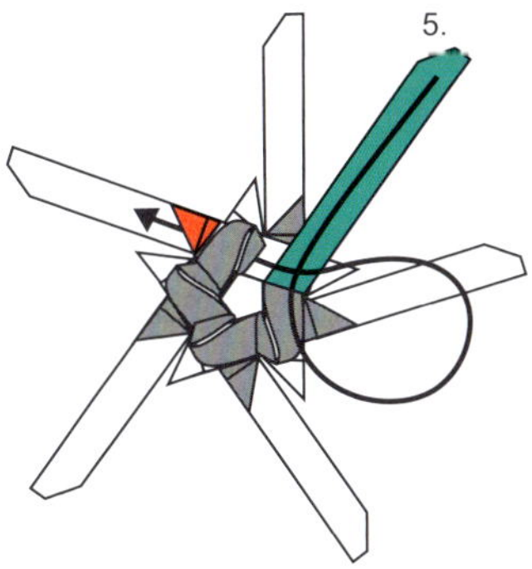

27 Am Ende der Runde hat der Stern fünf Sterntüten und wird gewendet, um auch auf der zweiten Seite Sterntüten zu formen.

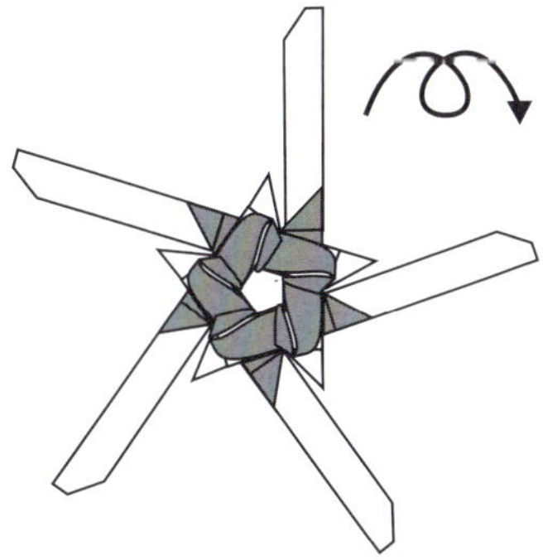

28 Die Schritte 19 bis 26 wiederholen, dann ist der Stern fertig.

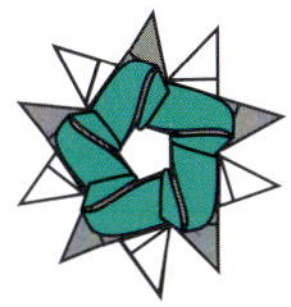

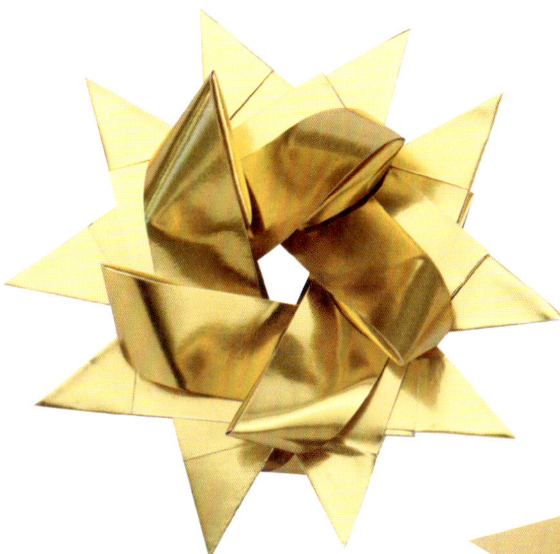

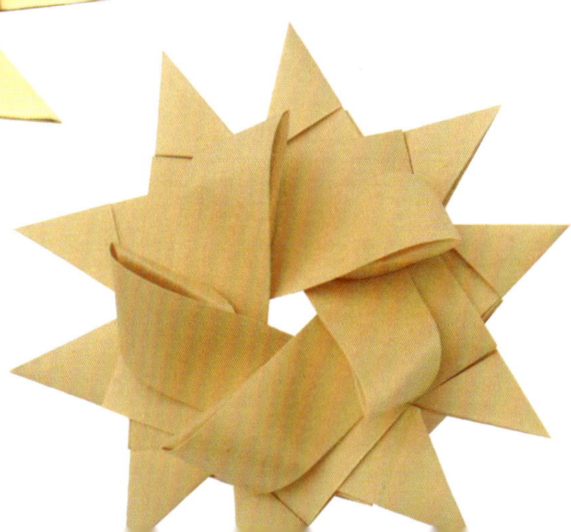

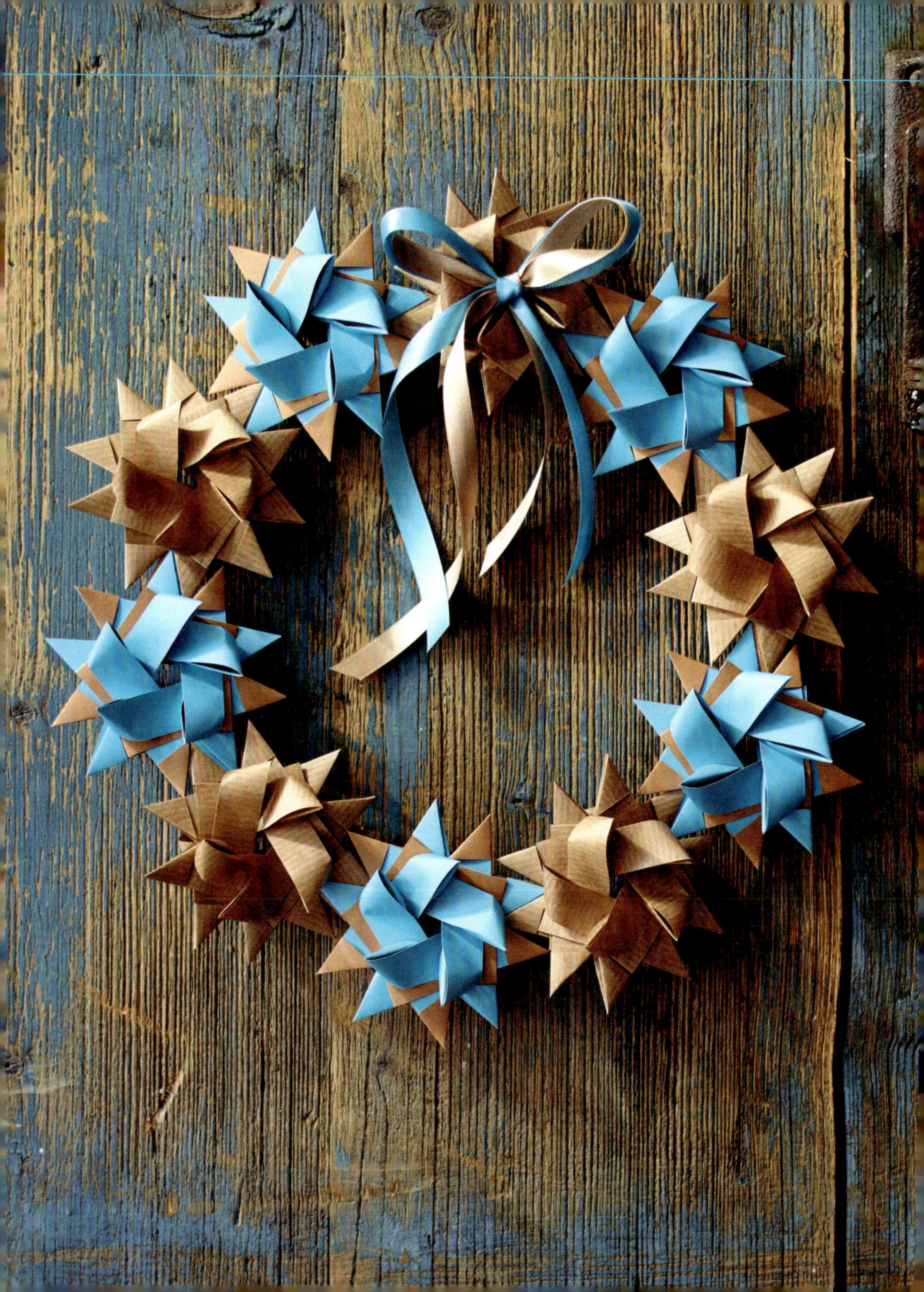

Sternenkranz

festliche Türdekoration

MOTIVGRÖSSE
ø 29 cm

MATERIAL

- 25 Fröbelstreifen Duo-Color in Türkis-Braun, 1,5 cm x 45 cm
- 25 Fröbelstreifen in Kraftpapier, 1,5 cm x 45 cm
- Satinband in Creme und Türkis, 1 cm, je 50 cm lang
- Nylonfaden in Transparent
- UHU Alleskleber

1 Aus den Fröbelstreifen zehn 5er-Sterne falten, fünf aus Kraftpapier, fünf aus Duo-Papier. Dazu der Anleitung für Fröbelsterne aus fünf Streifen ab Seite 2 folgen. In Schritt 24 die überstehenden Papierstreifen jedoch noch nicht abschneiden, sondern den Stern zunächst wie in den weiteren Schritten beschrieben auf beiden Seiten fertigstellen.

2 Die Sterne aus Duo-Papier mit den türkisfarbenen Sterntüten nach oben hinlegen. Damit die Sterne verbunden werden können, braucht jeder Stern zwei Klebelaschen (hier rot markiert). Die betreffenden Streifen wie abgebildet mit der Schere zuschneiden. Die anderen Streifen vorsichtig entlang der Sternspitze abschneiden.

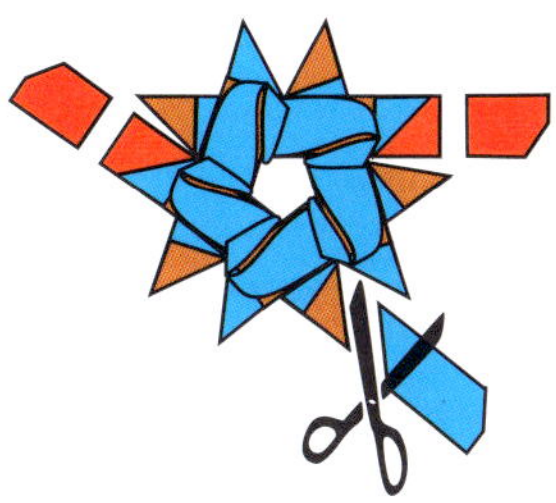

3 Die Sterne im farbigen Wechsel miteinander verbinden. Dazu immer zwei Klebelaschen mit Klebstoff bestreichen und in die Sternspitze des anderen Sterns stecken, bis die beiden Sternspitzen einander berühren (siehe Abbildung).

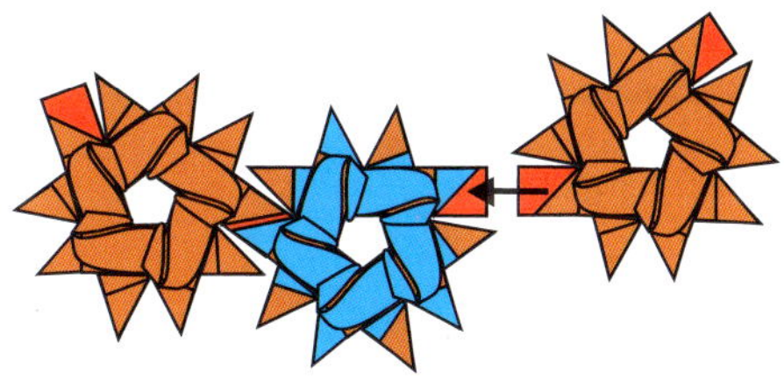

4 Zum Schluss den ersten und den letzten Stern miteinander verbinden. Die Satinbänder zusammen zur Schleife binden und mittig auf den oberen Stern des Kranzes kleben.

5 Den Sternenkranz mit einem transparenten Nylonfaden aufhängen. Den Faden dazu durch die Öffnungen in den Sternmitten der beiden Sterne rechts und links von der oberen Mitte fädeln.

Mein Tipp für Sie

Der Kranz erhält mehr Stabilität, wenn die Kraftpapier-Streifen doppelt genommen werden, es werden dann pro Stern 10 Streifen benötigt.

Zackenstern

einfach spitze

MOTIVGRÖSSE
ø ca. 14 cm

MATERIAL
PRO STERN

- 5 Fröbelsternstreifen in Rot oder Rot-Weiß gemustert, 1,5 cm x 45 cm
- 2 Fröbelsternstreifen in Weiß, Rot-Weiß gemustert oder Rot, 1,5 cm x 45 cm
- UHU Alleskleber

1 Aus den fünf Fröbelsternstreifen einen 5er-Stern falten. Dazu der Anleitung für Fröbelsterne aus fünf Streifen ab Seite 2 folgen.

2 Von den übrigen Fröbelsternstreifen zehn etwa 7 cm lange Streifen abschneiden. Die Streifen unten mit etwas Klebstoff bestreichen und in die Sternspitzen stecken. Dabei darauf achten, dass immer der gleiche Streifen oben liegt.

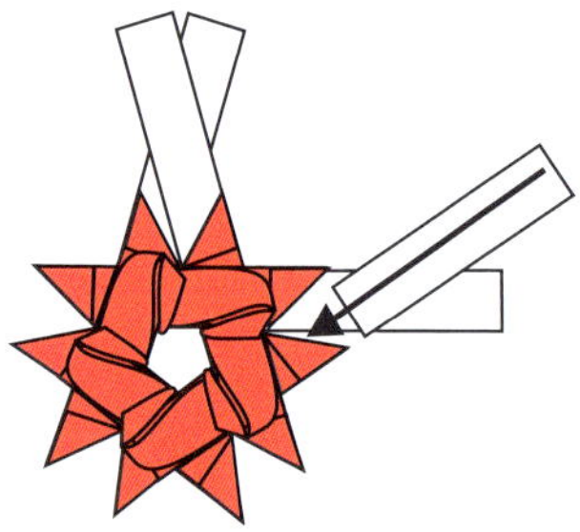

3 Die Streifen am oberen Ende aufeinanderkleben.

4 Sobald der Klebstoff getrocknet ist, die Streifen an den Kanten schräg abschneiden, sodass eine große Sternspitze entsteht.

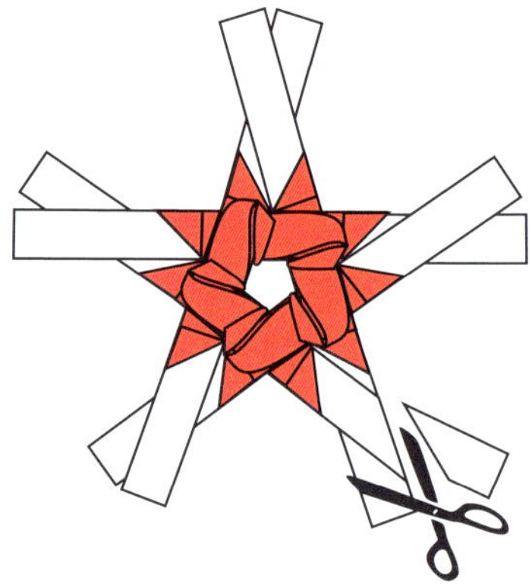

Mein Tipp für Sie

Der Stern kann auch flach gearbeitet werden, also ohne die Sterntüten. Ein Beispiel ist auf Seite 14 zu sehen.

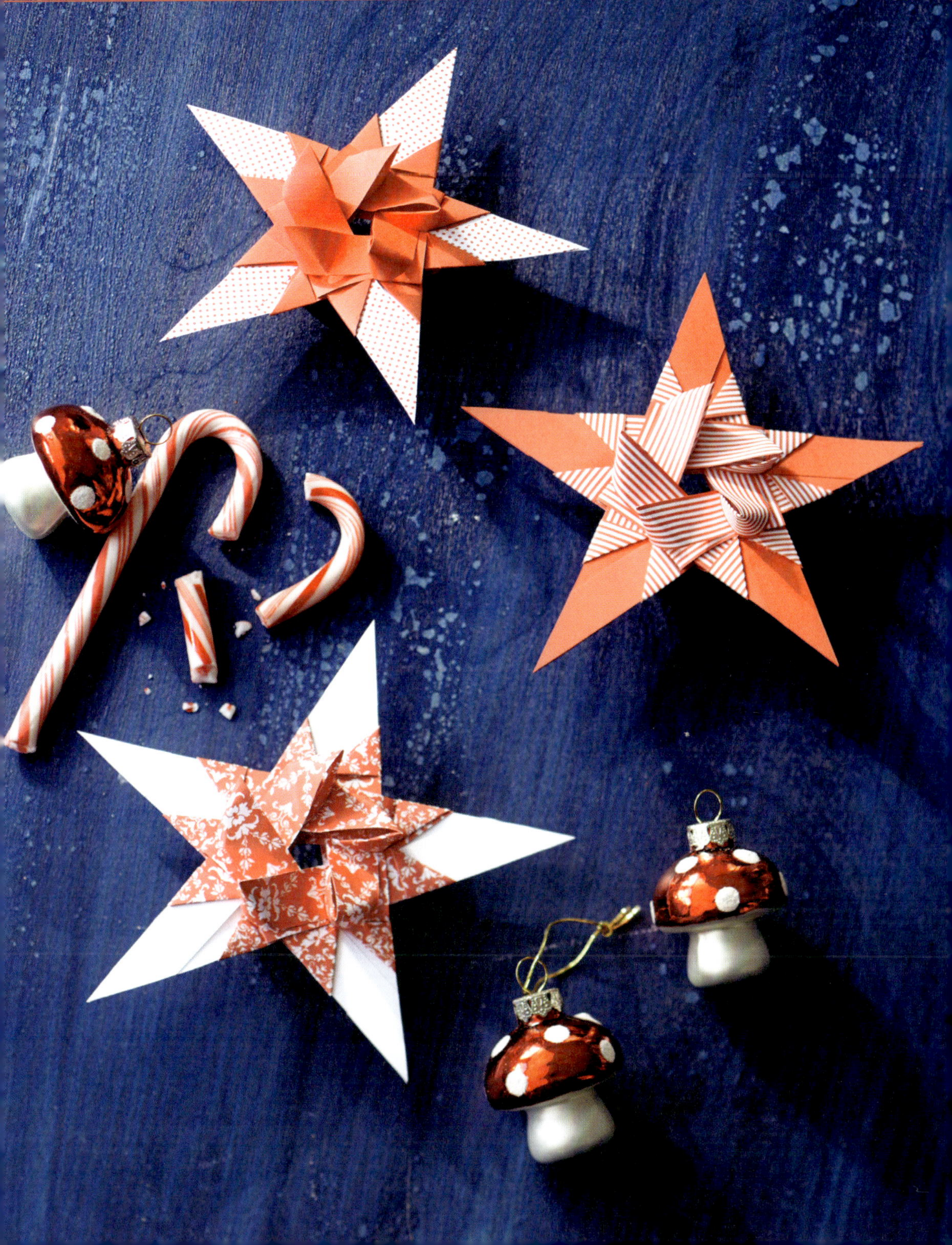

Edle Stern-Girlande

eine abwechslungsreiche Kombination

MOTIVHÖHE
30 cm

MATERIAL
- 5 Fröbelsternstreifen in Grün-glänzend, 1,5 cm x 45 cm
- 5 Fröbelsternstreifen in Grün-glitzernd, 1,5 cm x 45 cm
- 8 Fröbelsternstreifen in Grün gemustert, 4x 1,5 cm x 45 cm und 4x 2,5 cm x 86 cm
- 5 Holzperlen in Gold, ø 1,2 mm
- 4 Glasperlen in Grün, ø 8 mm
- Satinband in Grün, 4 mm, 60 cm lang
- UHU Alleskleber
- lange Nadel mit großem Öhr

1 Aus den grün gemusterten Fröbelsternstreifen einen 8er-Stern fertigen. Dazu der Anleitung ab Seite 30 folgen. Bei der Grundform werden die breiten und schmalen Streifen im Wechsel eingehängt (siehe auch Step 1, Seite 39).

2 Aus den grünen Fröbelsternstreifen jeweils einen 5er-Stern fertigen. Dazu den Schritten 1 bis 20 ab Seite 2 folgen.

3 Beim grün-glänzenden Stern anschließend mit dem grün markierten Streifen über vorn einen Looping legen und den Streifen nach links unter dem grau markierten Streifen einstecken.

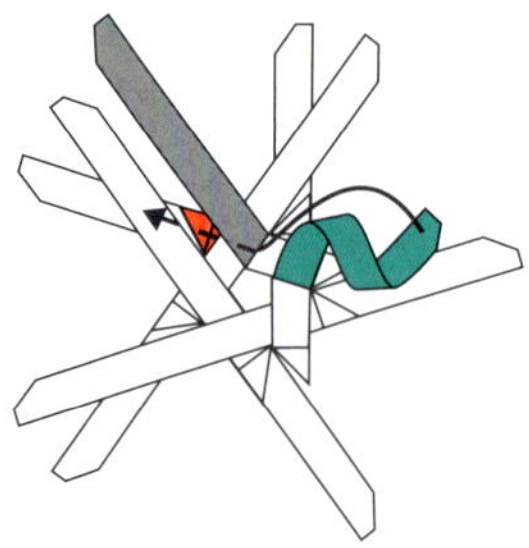

4 Den Streifen durchschieben, bis er links zur Sternspitze herausschaut und sich rechts eine Spitztüte bildet. Weiter der Anleitung auf Seite 6/7, ab Step 24 folgen und mit den anderen Streifen ebenso Spitztüten formen.

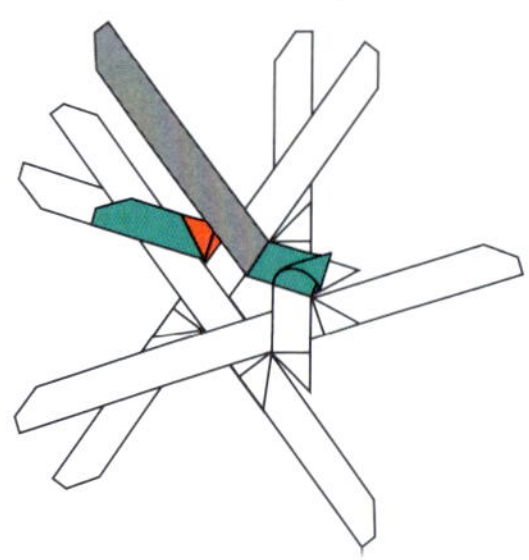

5 Beim grün-glitzernden Stern den grün markierten Streifen über hinten nach links führen und nach links unter dem grau markierten Streifen einstecken.

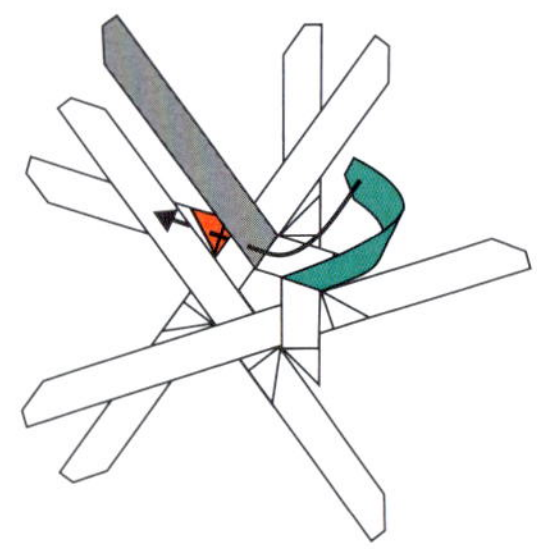

6 Den Streifen durchschieben, bis er links zur Sternspitze herausschaut und sich rechts eine Spitztüte bildet. Weiter der Anleitung auf Seite 6/7 ab Step 24 folgen und mit den anderen Streifen ebenso Spitztüten formen.

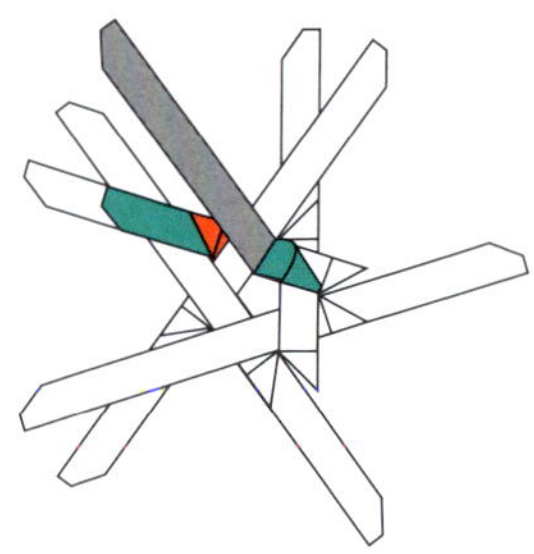

7 Die drei Sterne mit der langen Nadel auf das Satinband fädeln. Dabei jeweils in der Mitte der Sterne eine Holzperle aufziehen. Zwischen den Sternen jeweils eine Glasperle, eine Holzperle und wieder eine Glasperle aufziehen. Zum Schluss die Sterne mit etwas Klebstoff am Satinband fixieren.

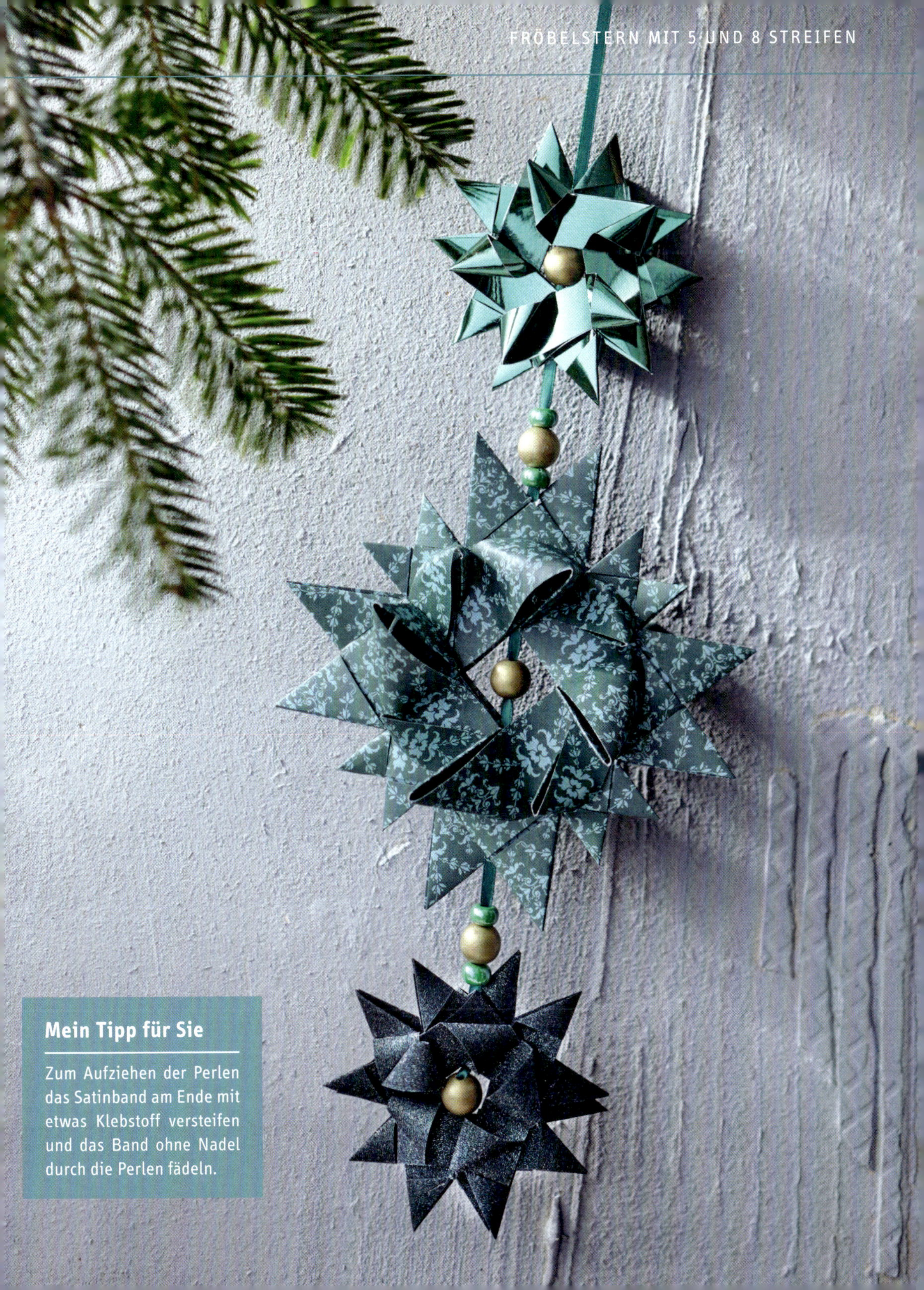

Mein Tipp für Sie

Zum Aufziehen der Perlen das Satinband am Ende mit etwas Klebstoff versteifen und das Band ohne Nadel durch die Perlen fädeln.

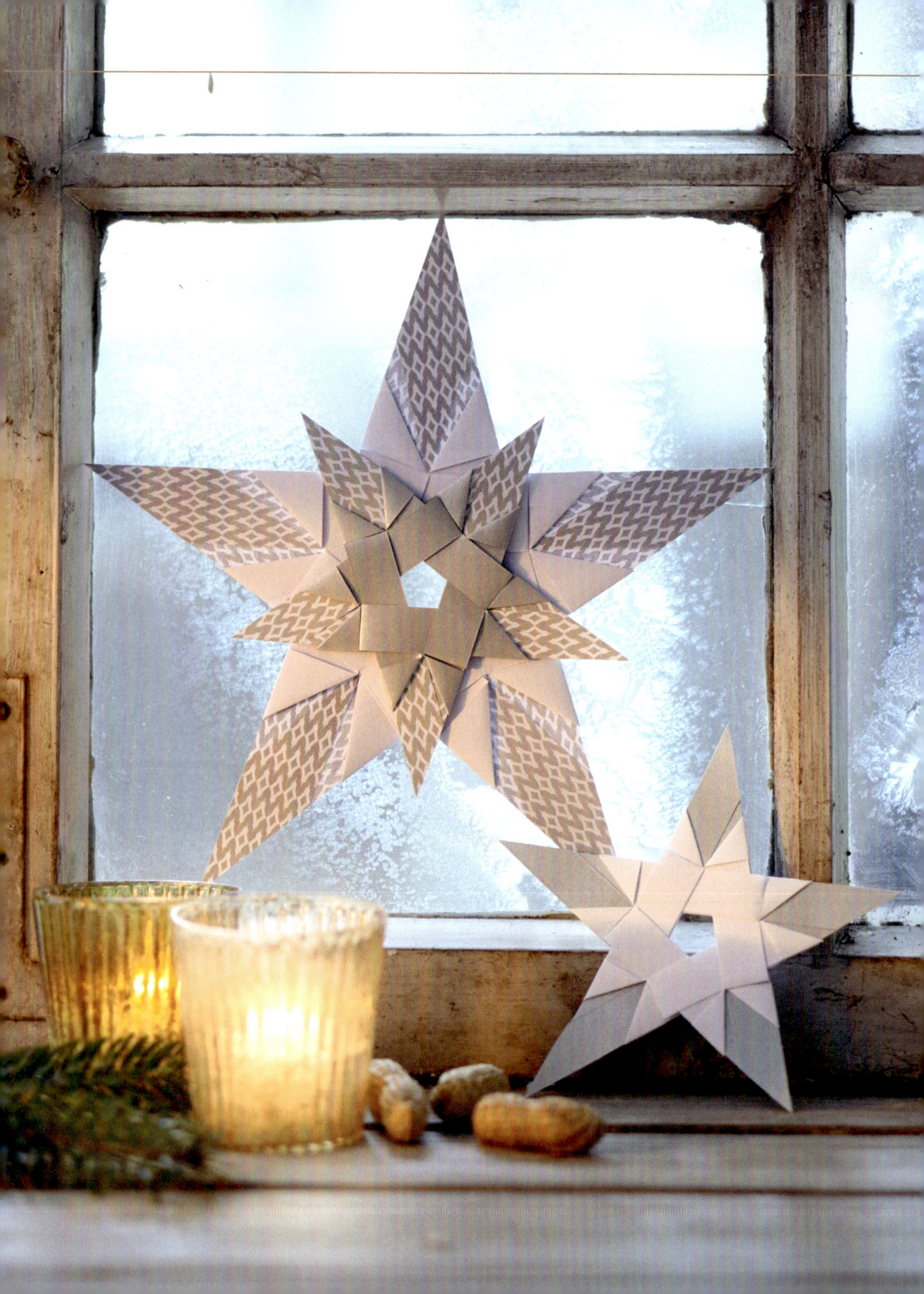

Großer Abendstern

ein vielschichtiges Kunstwerk

MOTIVGRÖSSE
ø 25 cm

MATERIAL

- 5 Fröbelsternstreifen in Weiß, 2,5 cm x 86 cm
- 2 Fröbelsternstreifen in Grau-Weiß gemustert, 2,5 cm x 86 cm
- 2 Fröbelsternstreifen in Grau-Weiß gemustert, 1,5 cm x 45 cm
- 5 Fröbelsternstreifen in Silber-schimmernd, 1,5 cm x 45 cm
- UHU Alleskleber

1 Aus den fünf weißen Fröbelsternstreifen einen 5er-Stern falten. Dazu den Faltschritten 1 bis 18 der Anleitung für Fröbelsterne aus fünf Streifen ab Seite 2 folgen. Anschließend die überstehenden Streifen mit der Schere sauber abschneiden.

2 Aus den fünf Fröbelsternstreifen in Silber-schimmernd ebenso einen flachen Stern falten und die überstehenden Enden sauber abschneiden.

3 Nun die breiten grau-weiß gemusterten Fröbelsternstreifen in zehn ca. 10 cm lange Stücke schneiden. Die schmalen grau-weiß gemusterten Fröbelsternstreifen in zehn ca. 7 cm lange Stücke schneiden.

4 Die breiten Streifen unten mit etwas Klebstoff bestreichen und in die Sternspitzen des großen Sterns stecken. Dabei darauf achten, dass immer der gleiche Streifen oben liegt und dass sich die Streifen am Ende kreuzen.

5 Die Streifen jeweils am oberen Ende aufeinanderkleben und anschließend an den Kanten entlang schräg abschneiden, sodass eine große Sternspitze entsteht.

6 Die schmalen Streifen ebenso in die Sternspitzen des kleinen Sterns stecken, aufeinanderkleben und zuschneiden. Danach den kleinen Stern wie abgebildet auf den großen kleben.

Mein Tipp für Sie

Der kleine Stern in der Mitte kann auch alleine glänzen und macht am Fenster oder auf einer Karte eine gute Figur. Auf dem Foto ist er unten neben dem großen Stern noch einmal zu sehen.

6er-Stern in Mint-Rosa

schön verspielt

MOTIVGRÖSSE
ø ca. 9 cm

MATERIAL
- 3 Fröbelsternstreifen in Mintgrün, 1,5 cm x 45 cm
- 3 Fröbelsternstreifen in Rosa, 1,5 cm x 45 cm

VORLAGE
Schablone für 6er-Stern, Seite 45

Grundanleitung für Fröbelstern mit 6 Streifen

Die Grundform

1 Die sechs Papierstreifen wie auf den Umschlagklappen beschrieben vorbereiten. Dann den ersten Streifen wie abgebildet an der Schablone für den Stern mit sechs Streifen anlegen (siehe auch Arbeiten mit der Fröbelstern-Schablone).

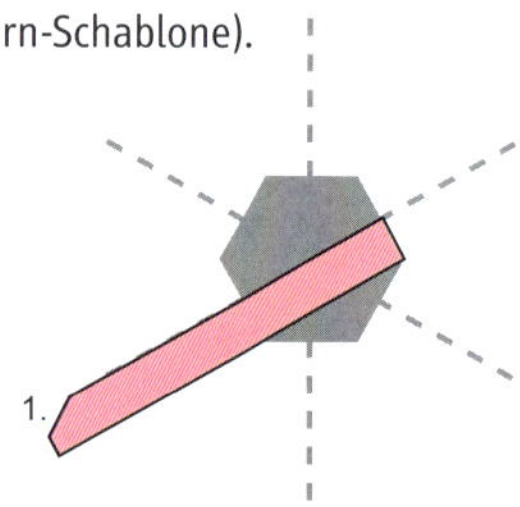

2 Den zweiten Streifen um den ersten herum einhängen und mithilfe der Schablone ausrichten. Hier werden die Streifen im farbigen Wechsel ineinander eingehängt, darum werden sie einmal mintgrün und einmal rosa dargestellt.

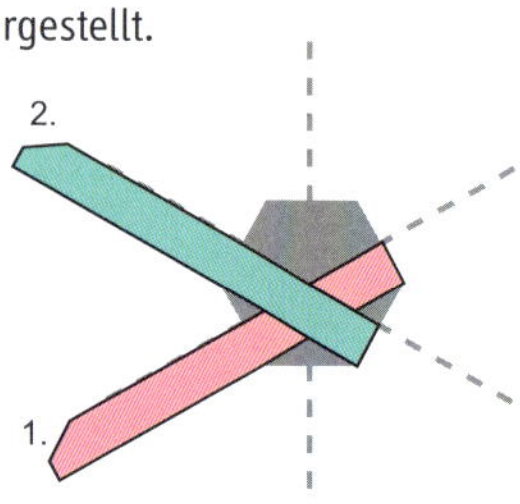

3 Den dritten Streifen um den ersten und den zweiten herum einhängen und mithilfe der Schablone ausrichten.

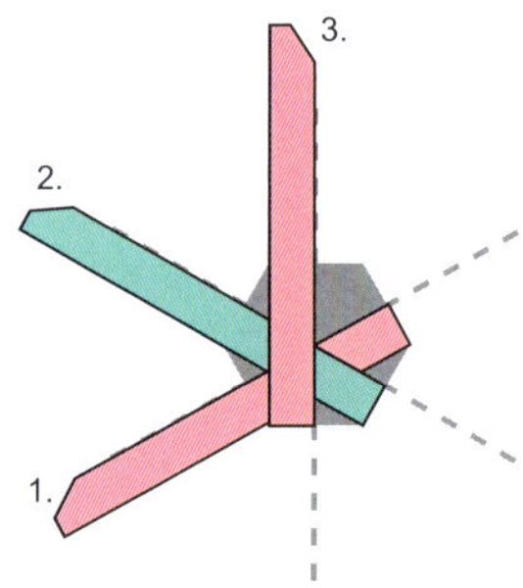

4 Der vierte Streifen wird um den zweiten und den dritten Streifen herum eingehängt und anschließend an der Schablone ausgerichtet.

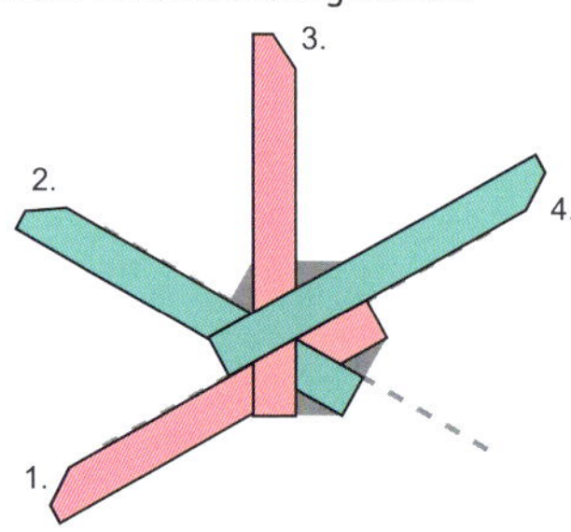

5 Den fünften Streifen um den dritten und den vierten Streifen herum einhängen und durch den ersten Streifen ziehen. Der erste, der dritte und der fünfte Streifen bilden ein geschlossenes Dreieck.

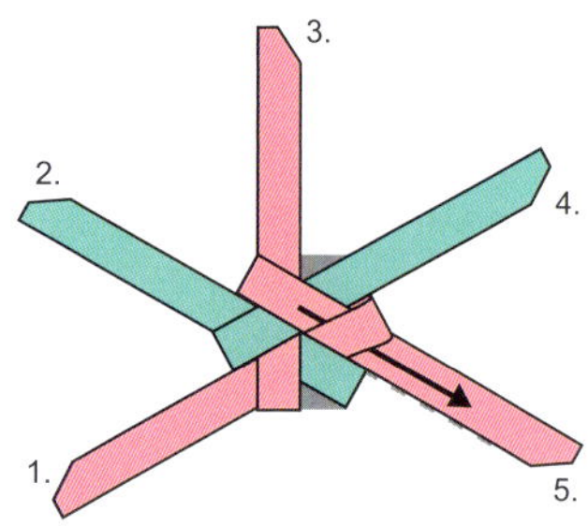

6 Den sechsten um den vierten und den fünften Streifen herum einhängen und durch den ersten und zweiten Streifen ziehen. Der zweite, der vierte und der sechste Streifen bilden nun ebenfalls ein geschlossenes Dreieck.

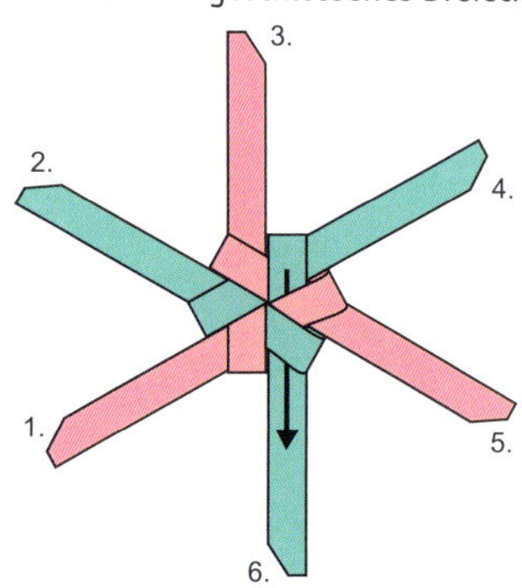

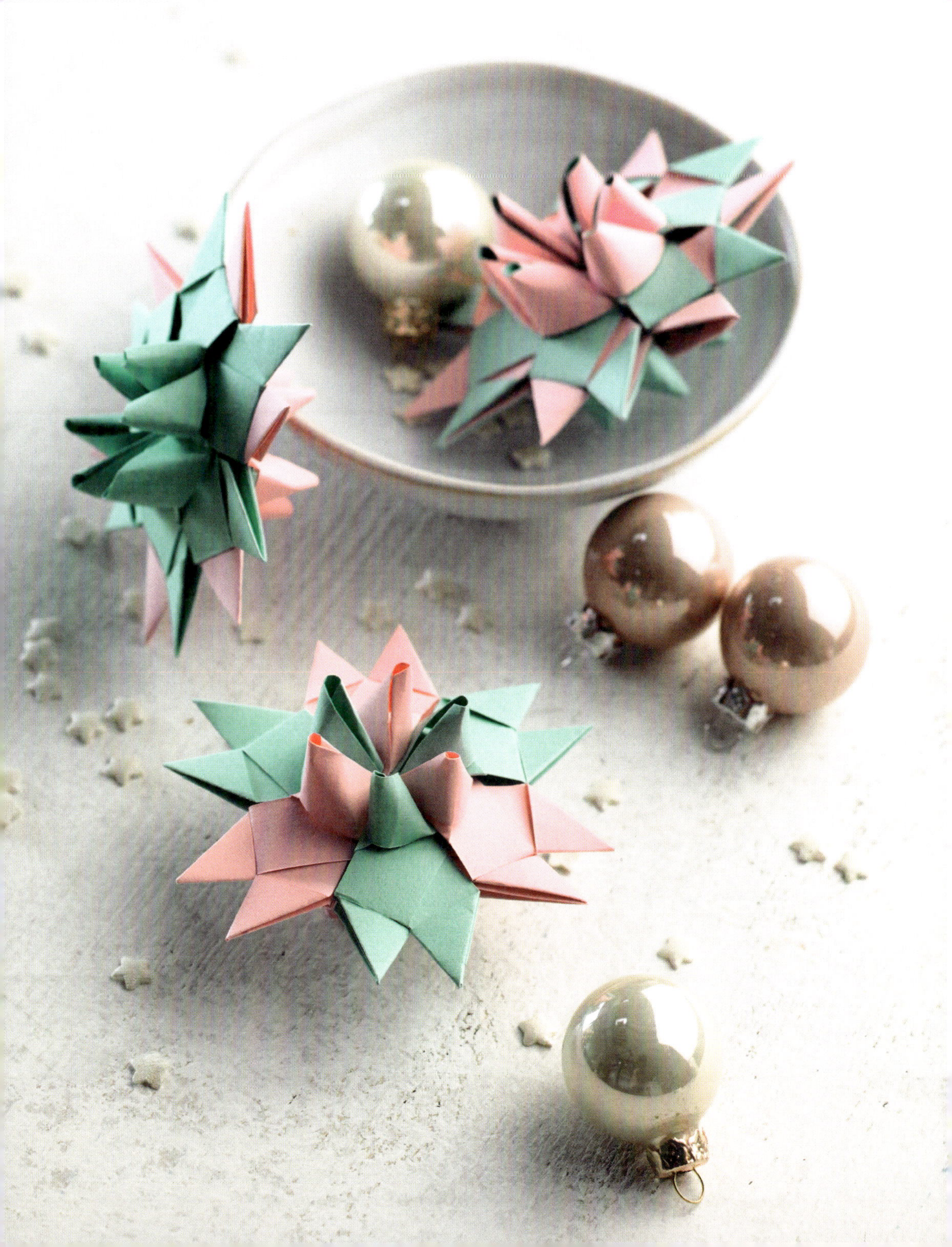

7 Die erste Runde ist abgeschlossen. Die Streifen können noch etwas ausgerichtet werden, indem in entgegengesetzter Richtung an den parallelen Streifen gezogen wird. Darauf achten, dass die Mitte des Sterns flach bleibt.

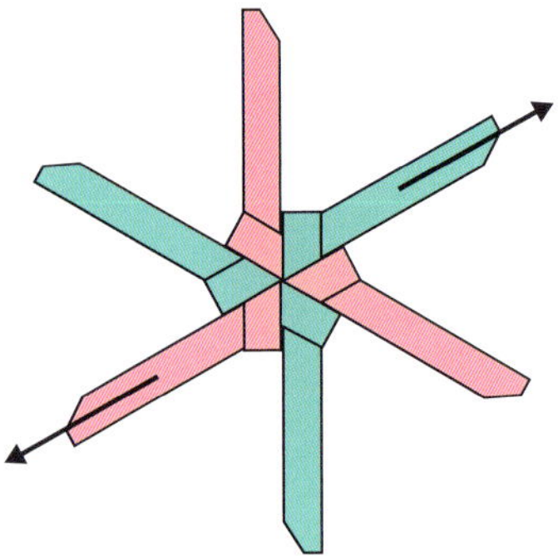

8 Nun folgt die zweite Runde, sie wird in die entgegengesetzte Richtung gearbeitet. Sie beginnt mit dem rechten senkrechten Streifen. Die obere Lage des Streifens an der Kante des Sechsecks nach oben falten. Danach gegen den Uhrzeigersinn den zweiten, dritten und vierten Streifen ebenso falten.

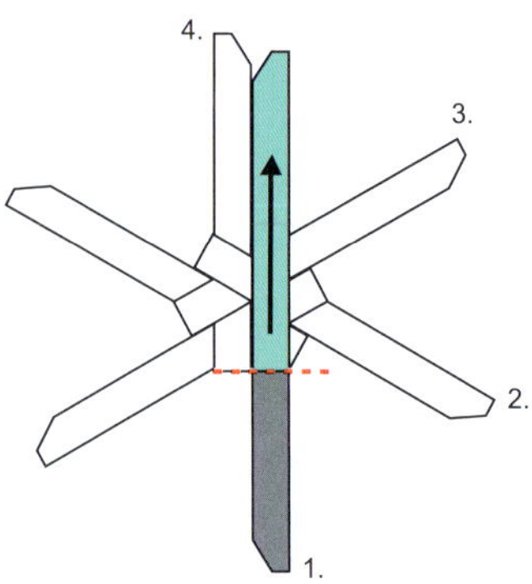

9 Den fünften Streifen ebenso falten und dann durch die Lasche des ersten Streifens durchziehen.

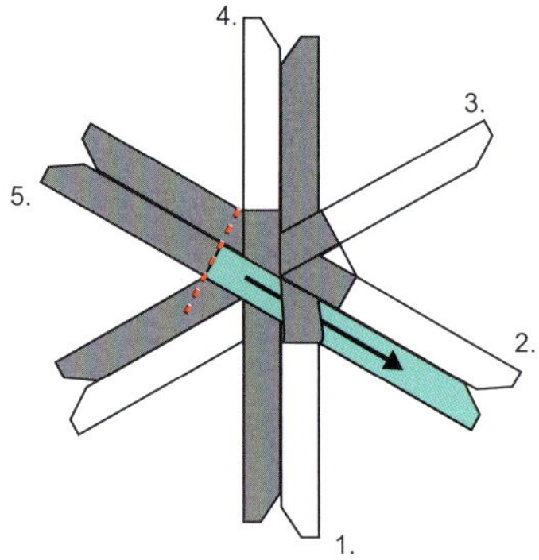

10 Den sechsten Streifen ebenso falten und durch die Lasche des ersten und des zweiten Streifens ziehen. Damit ist die Grundform fertig und die sechs Streifen sind fest miteinander verwoben. Die Schablone wird nun nicht mehr benötigt.

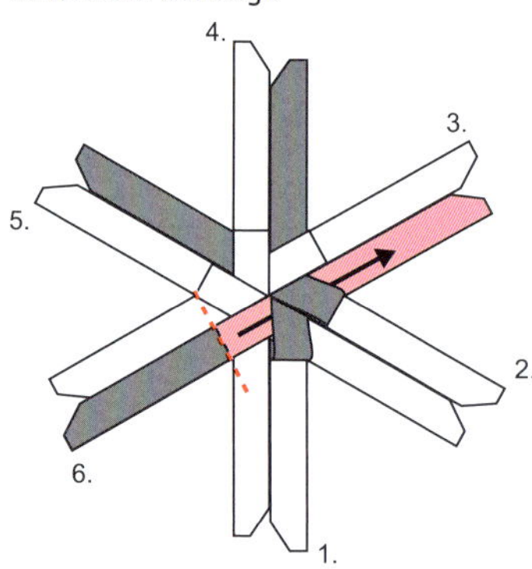

Die Sternspitzen

11 Den ersten Streifen (hier grün markiert) über hinten nach rechts falten, sodass er einen rechten Winkel bildet.

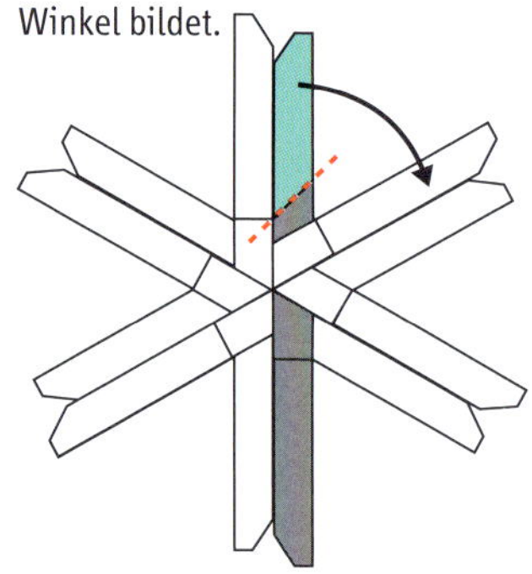

12 Dann den Streifen über vorn im rechten Winkel nach unten falten, sodass er nun parallel zum grau markierten Ende liegt und sich oben eine Spitze bildet.

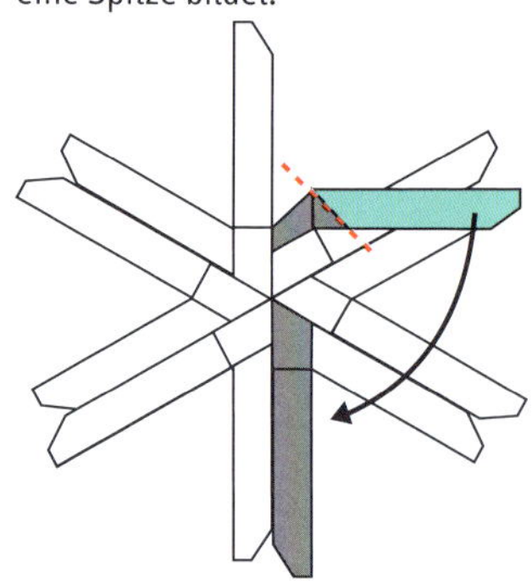

13 Die rechte Hälfte auf die linke klappen.

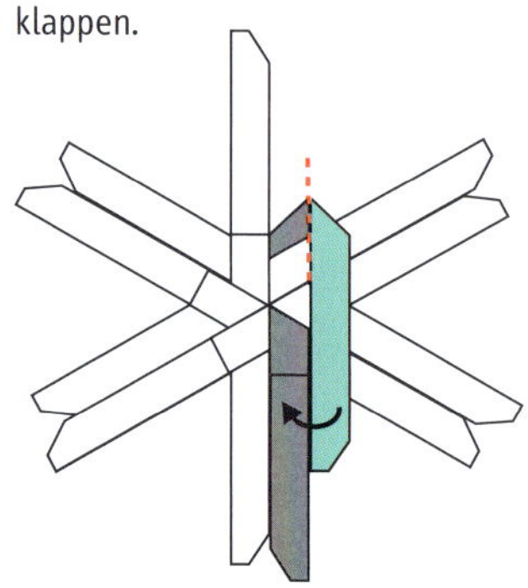

14 Die obere Lage nach oben falten und dabei die kleine Spitze nach hinten falten.

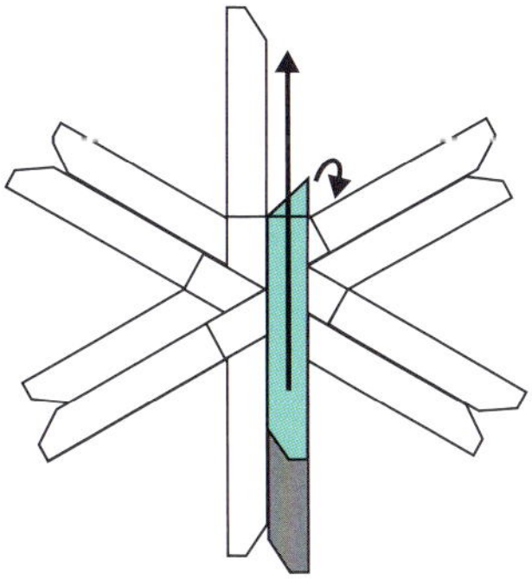

15 Schließlich den Streifen durch die rot markierte Lasche stecken und nach unten ziehen. Dabei richtet sich die kleine Spitze wieder auf.

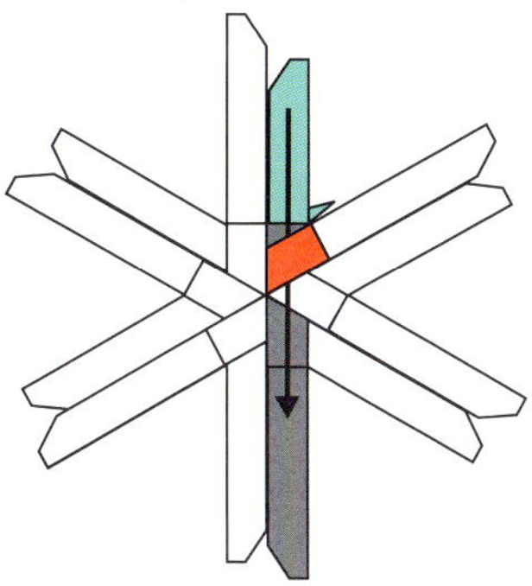

16 Damit ist die erste Sternspitze fertig und die Faltschritte werden reihum mit den anderen fünf Streifen wiederholt.

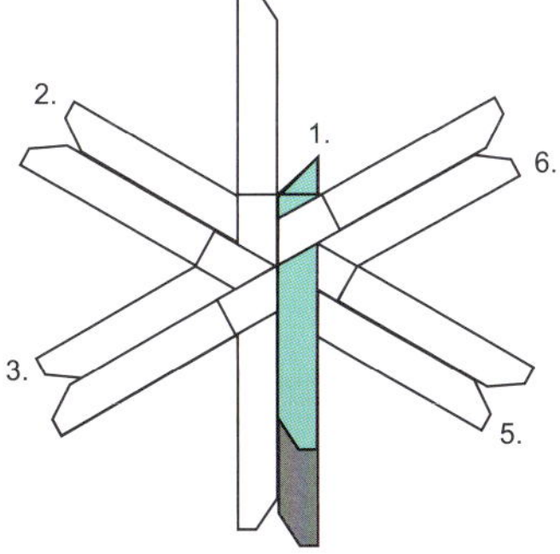

17 Nach der ersten Runde hat der Stern sechs Sternspitzen. Bevor die zweite Runde beginnt und die übrigen sechs Spitzen gearbeitet werden, muss der Stern nun gewendet werden.

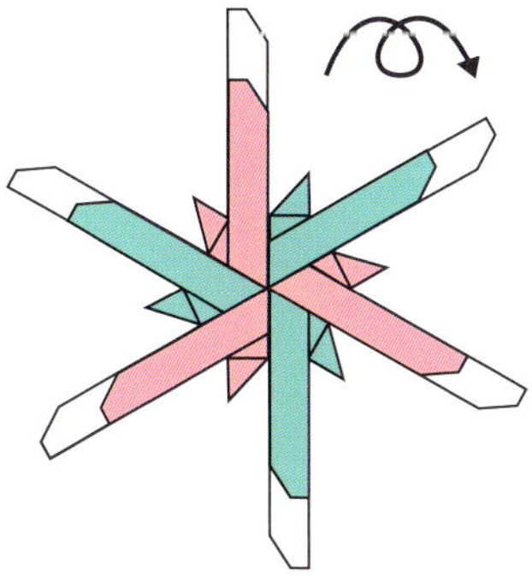

18 Die Faltschritte 11 bis 16 auf der anderen Sternseite wiederholen. Also wieder den ersten Streifen (rosa markiert) nehmen, über hinten nach rechts falten und dann weiter zur Sternspitze falten.

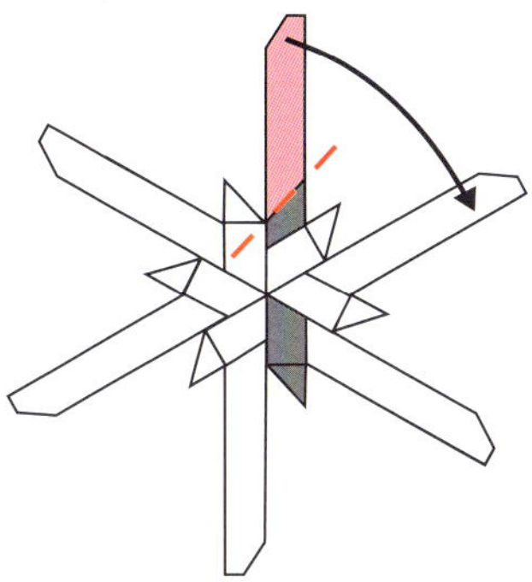

19 Wenn die erste Sternspitze fertig ist, die Faltschritte reihum mit den übrigen fünf Streifen wiederholen.

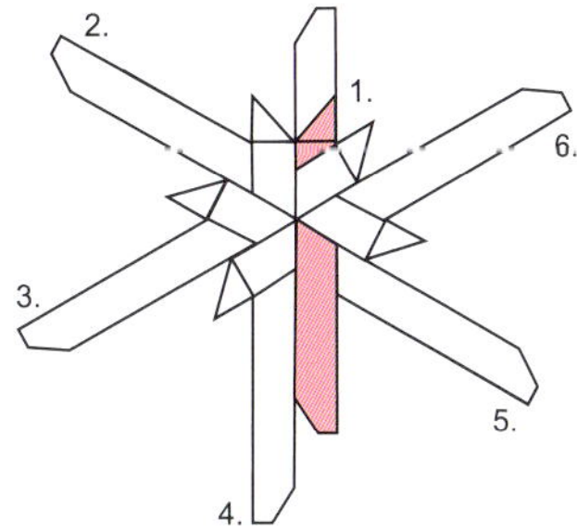

20 Am Ende der zweiten Runde sind alle zwölf Sternspitzen fertig. Auf jeder Seite sind sechs Sternspitzen zu sehen, die anderen werden von den Streifen verdeckt.

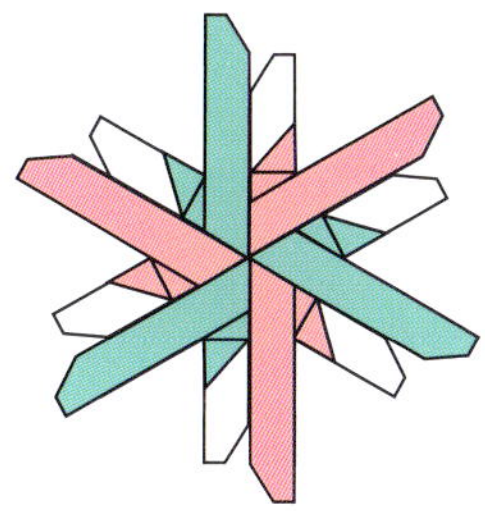

Mein Tipp für Sie

Für einen flachen Stern kann die Arbeit nach Step 20 beendet werden. Der Stern hat dann zwölf kleine Spitzen und eignet sich sehr gut zum Gestalten von Karten oder Geschenkanhängern. Einfach die überstehenden Streifen mit der Schere knapp an der Lasche abschneiden. Wer mag, kann ähnlich wie beim großen Abendstern auf Seite 14 einen großen und einen kleinen Stern miteinander kombinieren.

Die Sterntüten

21 Die beiden farbig markierten Papierstreifen nach links klappen, damit freie Sicht für die erste Sterntüte geschaffen wird.

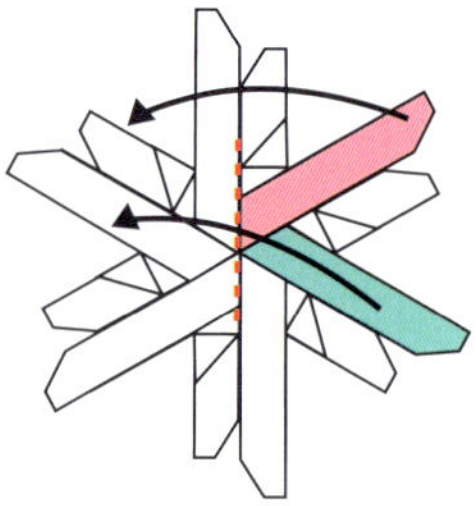

22 Nun den rosa markierten Streifen an der Kante der Lasche schräg nach oben falten.

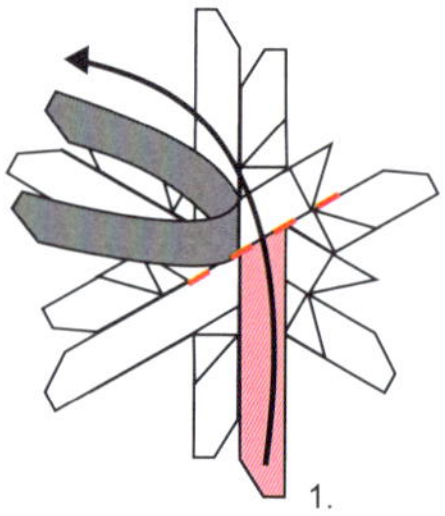

23 Den Streifen danach in einem großen Bogen über rechts zu einer Schlaufe legen und unter den beiden grau markierten Streifen einstecken.

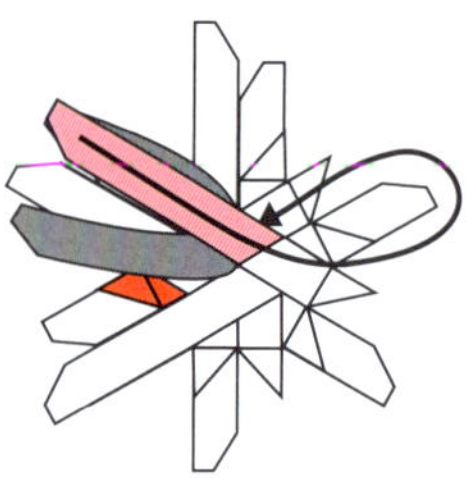

24 Den Streifen weiter nach links durchschieben, bis er vorn zur Sternspitze herausschaut ...

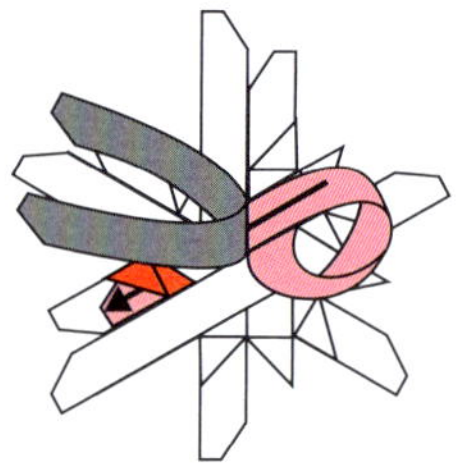

25 ... und sich die Schlaufe zur Sterntüte eindreht. Die Sterntüte an ihren Platz schieben und ggf. etwas modellieren (siehe TOPP-Tipps auf der Umschlagsklappe).

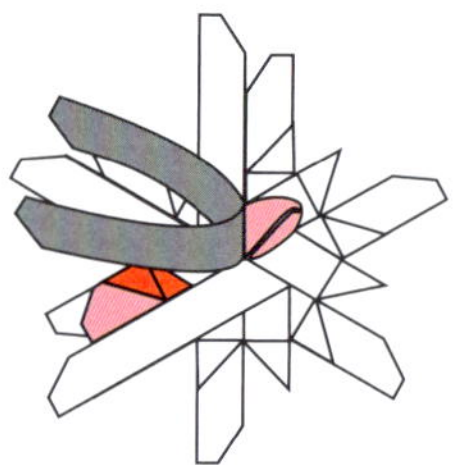

26 Das Ende, das vorn aus der Sternspitze ragt, vorsichtig mit der Schere abschneiden.

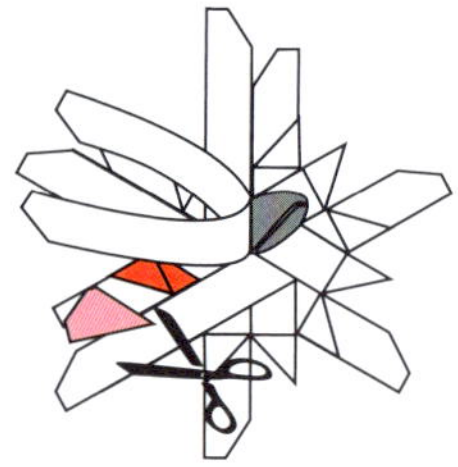

27 Den Stern gegen den Uhrzeigersinn drehen, bis der nächste Streifen senkrecht ausgerichtet ist, und die Faltschritte 22 bis 27 dreimal wiederholen, bis vier Sterntüten entstanden sind.

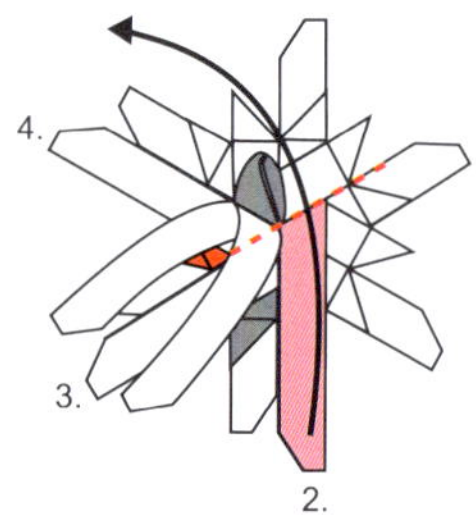

Mein Tipp für Sie

Dieser Stern lässt sich wunderbar mit unterschiedlichen Farbvarianten arbeiten, wie das Foto auf Seite 21 zeigt. Mit Duo-Papier, das auf der Vorder- und Rückseite unterschiedlich gefärbt ist, bekommt der Stern eine einfarbige Mitte und ein edles Streifenmuster auf der Grundform (Stern oben rechts auf dem Foto). Alternativ können auch zwei Streifen in unterschiedlichen Farben aufeinandergelegt und dann wie ein Streifen verwendet werden. Die Streifen alle mit der gleichen Farbe nach außen ineinander einhängen.
Für den Stern auf dem Foto oben links wurden fünf Streifen in Mintgrün und fünf Streifen in Rosa mit transparentem Klebefilm miteinander verbunden und dann an der Verbindungsstelle doppeltgelegt. Anschließend die Streifen alle mit der gleichen Farbe nach oben ineinander einhängen und wie gewohnt zu einem Stern falten. Der Stern hat dann eine rosa und eine mintgrüne Seite.

28 Zuletzt den fünften und den sechsten Streifen nacheinander zu Sterntüten formen.

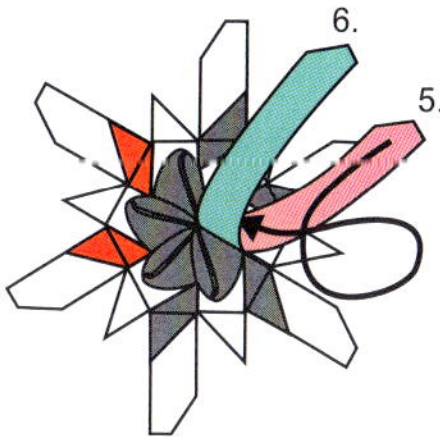

29 Am Ende der Runde hat der Stern sechs Sterntüten und wird gewendet, um auch auf der zweiten Seite Sterntüten zu formen.

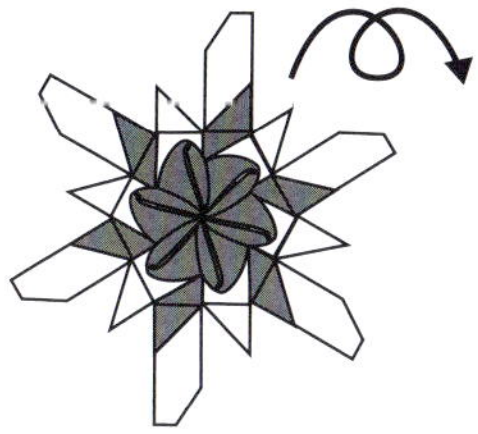

30 Die Schritte 21 bis 28 wiederholen, dann ist der Stern fertig.

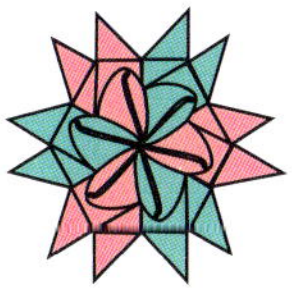

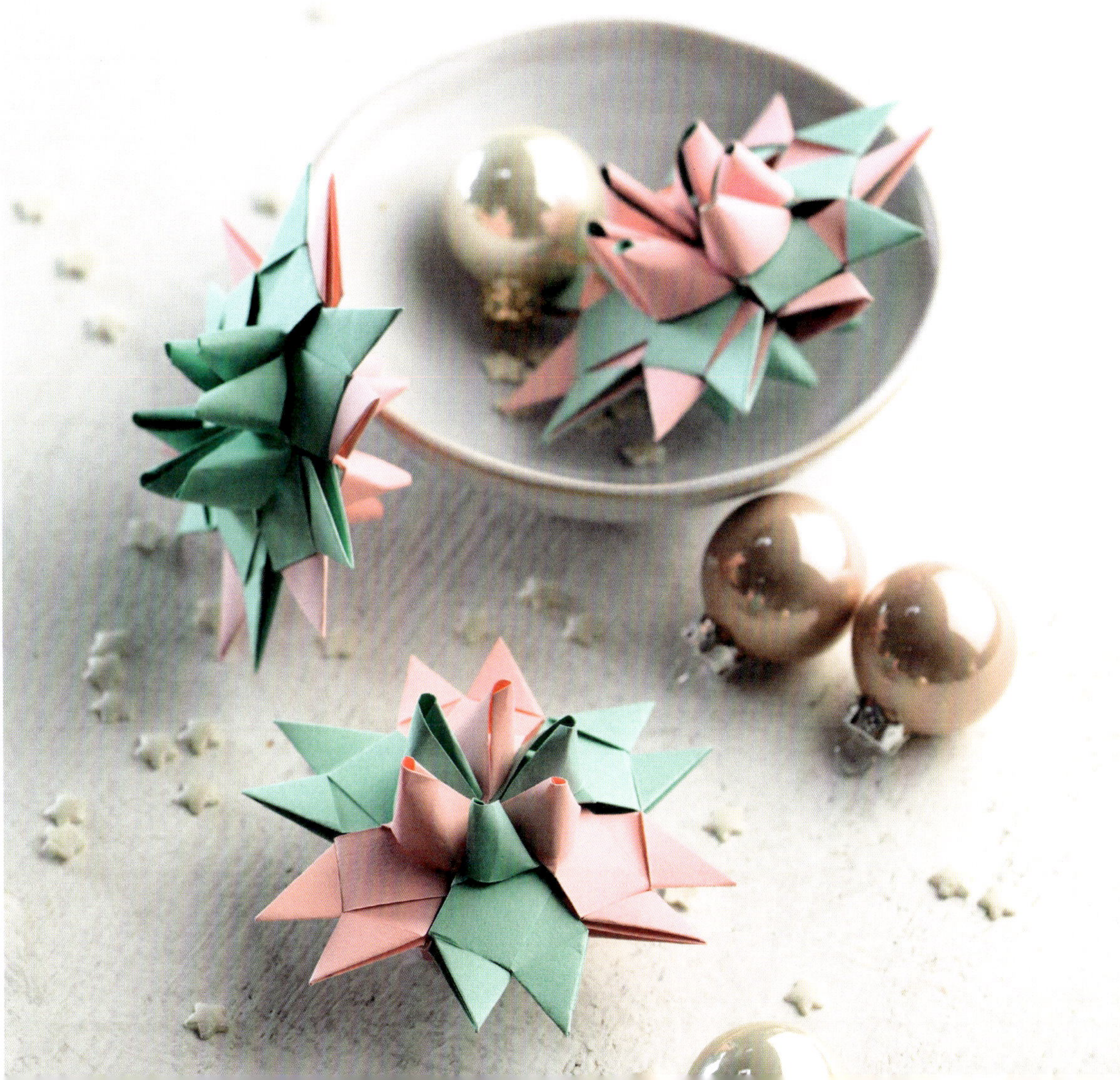

Stilvoll verpackt

mit flachen Doppel-Sternen

MOTIVGRÖSSE

Großer Stern ø 14,5 cm

Kleiner Stern ø 9 cm

MATERIAL

- 7 Fröbelsternstreifen, 4x in Rot und 3x in Rot-Weiß gestreift, 2,5 cm x 86 cm
- 6 Fröbelsternstreifen, 3x in Rot-Weiß gestreift und 3x in Rot-Weiß gepunktet, 1,5 cm x 45 cm
- Papierkordel in Grau-Weiß
- Geschenkpapier in Rot
- Papiertüte in Weiß, 12 cm x 20 cm
- Klebefilm
- UHU Alleskleber

1 Einen breiten roten Fröbelsternstreifen zur Seite legen. Aus den restlichen Fröbelsternstreifen zwei Fröbelsterne falten. Dazu der Anleitung ab Seite 16 bis Faltschritt 20 folgen.

2 Auf der Unterseite die überstehenden Streifen abschneiden. Auf der Oberseite die Rauten falten. Dazu den grau markierten Streifen nach links klappen, damit die Sicht frei wird.

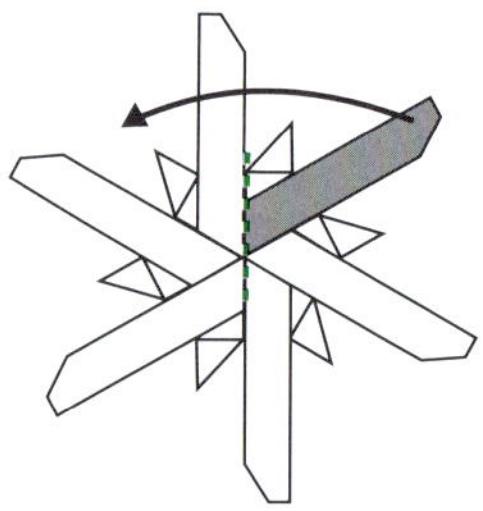

3 Nun den rot markierten Streifen nach oben falten, sodass er parallel zu den senkrechten Streifen liegt.

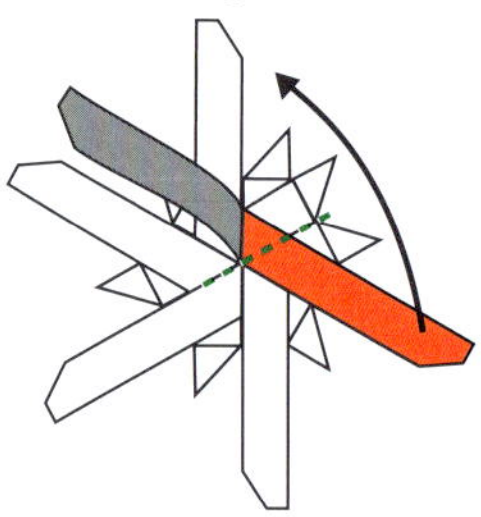

4 Über hinten den Streifen schräg nach rechts falten, sodass eine Raute entsteht. Das Ende des Streifens liegt parallel zu den diagonalen Streifen.

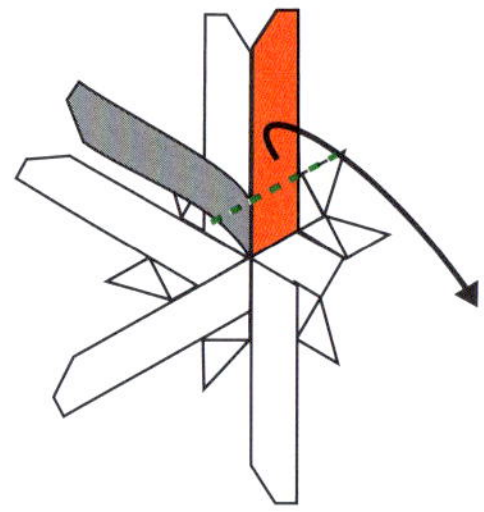

5 Den Streifen an der Kante der Raute nach links falten und unter der Lasche, die unter dem grauen Streifen liegt, einstecken und durchziehen. Das überstehende Ende an der Sternspitze abschneiden.

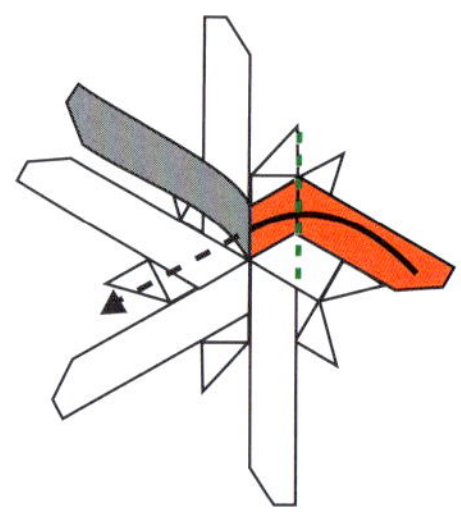

6 Die Faltschritte im Uhrzeigersinn mit den anderen Streifen wiederholen. Der Streifen wird dabei in Schritt 6 unter der Lasche, die unter der vorherigen Raute liegt, eingesteckt.

7 Das Geschenk mit dem roten Geschenkpapier und der Papierkordel verpacken. Anschließend den großen Stern mit Klebefilmröllchen aufkleben.

8 Die Papiertüte verschließen. Den übrigen Fröbelsternstreifen auf die passende Länge schneiden, an den Enden schräg einschneiden und um die obere Kante der Tüte kleben. Zum Schluss den Fröbelstern mit Klebefilmröllchen aufkleben.

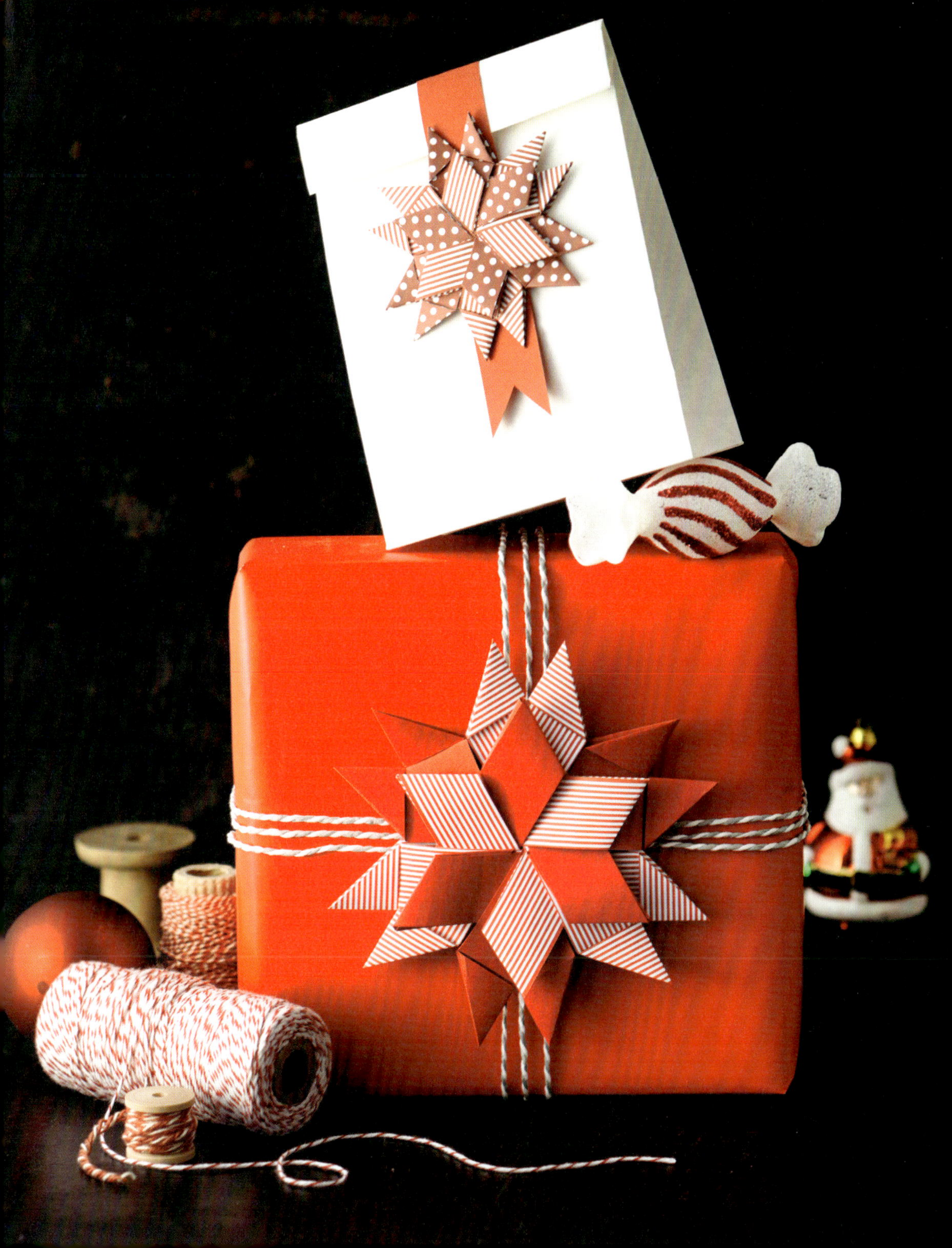

Dekorative Tassel-Sterne

in edlem Grau

MOTIVGRÖSSE
ø 9 cm

MATERIAL

- 3 Fröbelsternstreifen in Grau, 1,5 cm x 45 cm
- 3 Fröbelsternstreifen in Grau-Weiß gemustert, 1,5 cm x 45 cm
- 2 Schmuckperlen in Sterlingsilber, ø 8 mm
- Wolle in Grau
- feste Pappe, 12 cm x 12 cm
- lange Nadel mit großem Öhr
- UHU Alleskleber

1 Aus den Fröbelsternstreifen einen 6er-Stern fertigen. Dazu den Schritten 1 bis 21 ab Seite 16 folgen. Die Streifen im farbigen Wechsel einhängen.

2 Den dunkelgrau markierten Streifen im Uhrzeigersinn zu einer Spirale legen, ohne dass er sich dabei verdreht.

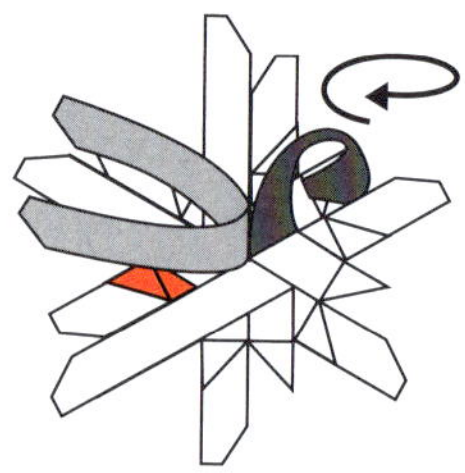

3 Dann den Streifen unter sich selbst durchführen und nach links unter dem hellgrauen Streifen bzw. der vorherigen Spirale in Richtung der rot markierten Sternspitze einstecken.

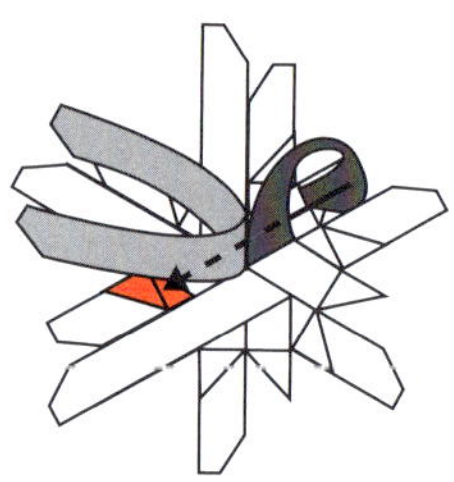

4 Die Spirale mit den Fingern vorsichtig weiter im Uhrzeigersinn eindrehen und dabei den eingesteckten Streifen weiter in Richtung der rot markierten Sternspitze schieben.

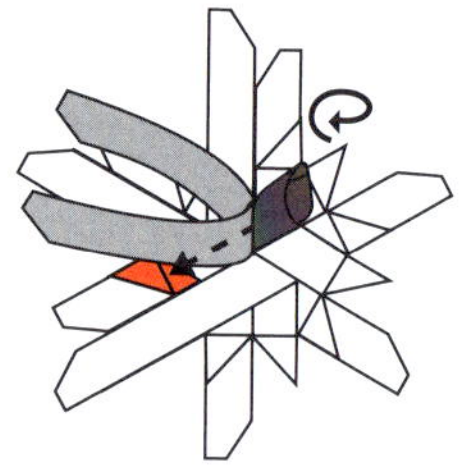

5 Die weiteren Streifen im Uhrzeigersinn ebenso zu Spiralen eindrehen und den Stern wie auf Seite 20/21 beschrieben fertigstellen.

6 Für die Tassels die Wolle um die Pappe wickeln, bis ein dicker Strang entstanden ist. An einem Ende einen Faden durchziehen und die aufgewickelte Wolle fest abbinden. Am gegenüberliegenden Ende die Fäden aufschneiden und die Pappe entfernen. Die Fäden unten auf die gleiche Länge schneiden.

7 Die Enden des Abbindefadens in die Nadel fädeln und von unten nach oben durch den Stern ziehen. Die Enden miteinander verknoten, sodass ein Aufhänger entsteht. Zum Schluss vorn und hinten eine Perle in die Sternmitte kleben.

Mein Tipp für Sie

Das Eindrehen der Spiralen bedarf etwas Übung. Die Öffnungen an den Spitzen lassen sich aber mit dem spitzen Ende eines Bleistifts sehr schön runden und in eine gleichmäßige Form bringen.

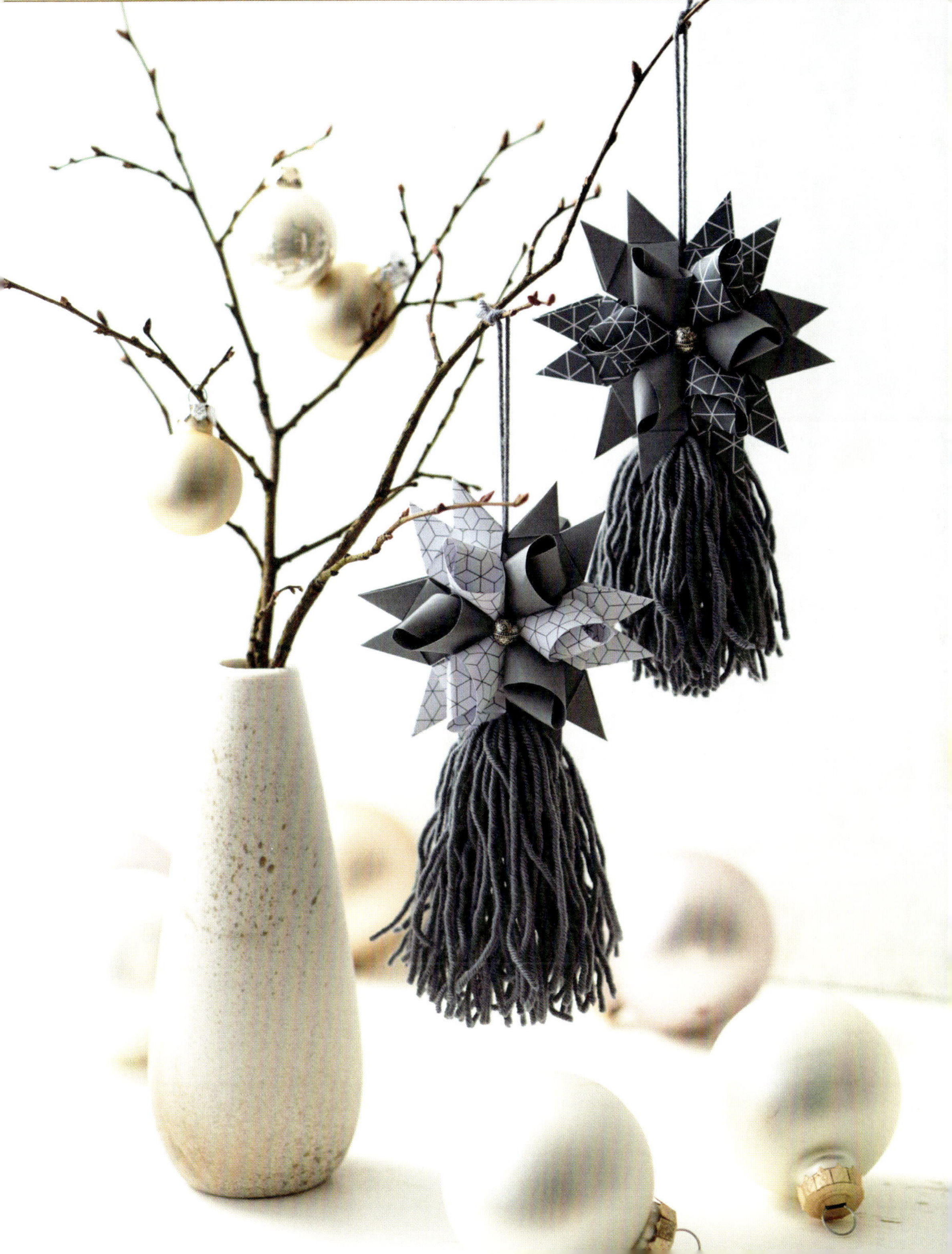

Sternen-Reif im Boho-Stil

mit Eukalyptus

MOTIVGRÖSSE
ø 30 cm

MATERIAL

- Metallreif in Grau, ø 30 cm
- Eukalyptuszweige (echt oder unecht)
- 9 Fröbelsternstreifen in Rosé-schimmernd, 1,5 cm x 45 cm
- 3 Fröbelsternstreifen in Roségold-Weiß gepunktet, 1,5 cm x 45 cm
- 3 Fröbelsternstreifen in Roségold-Weiß gepunktet, 2,5 cm x 86 cm
- 3 Fröbelsternstreifen in Weiß-Roségold mit Sternen, 2,5 cm x 86 cm
- Garn in Rosé-Gold, ca. 1,5 m lang
- Satinband in Rosé, 1,5 cm, 60 cm lang
- Heißklebepistole

1 Aus sechs Fröbelsternstreifen in Rosé-schimmernd einen Fröbelstern falten und dazu den Faltschritten 1 bis 28 ab Seite 16 folgen. Die Rückseite des Sterns bleibt flach und bekommt keine Sterntüten. Die überstehenden Streifen auf der Rückseite mit der Schere abschneiden.

2 Aus den übrigen drei Fröbelsternstreifen in Rosé-schimmernd und den gepunkteten schmalen Streifen ebenso einen Fröbelstern mit flacher Rückseite fertigen. Dabei die Streifen im farbigen Wechsel ineinander einhängen.

3 Die breiten Fröbelsternstreifen ebenfalls im farbigen Wechsel ineinander einhängen und einen Fröbelstern mit flacher Rückseite arbeiten. Statt Sterntüten werden auf der Vorderseite jedoch Schlaufen gearbeitet. Dazu der Anleitung auf Seite 28/29 folgen.

4 Die Eukalyptuszweige mit dem Heißkleber am Metallreif anbringen, sodass etwa zwei Drittel bedeckt sind. Anschließend die Fröbelsterne auf den Zweigen verteilen und ebenfalls mit Heißkleber anbringen. Wenn die Zweige und Sterne asymmetrisch verteilt werden, sieht es besonders schön aus.

5 Oben am Reif das Garn anknoten und den Reif etwa 12 cm lang umwickeln. Den Anfang und das Ende auf der Rückseite mit Heißkleber fixieren. Zum Schluss das Satinband festknoten und zur Schleife binden.

Mein Tipp für Sie

Eukalyptus ist in vielen Variationen erhältlich. Am schönsten wirken Zweige mit runden Blättern. Wenn die Dekoration länger halten soll, können auch Kunst-Eukalyptuszweige verwendet werden. Noch weihnachtlicher wird der Reif mit Zweigen der Blautanne oder der Stechfichte.

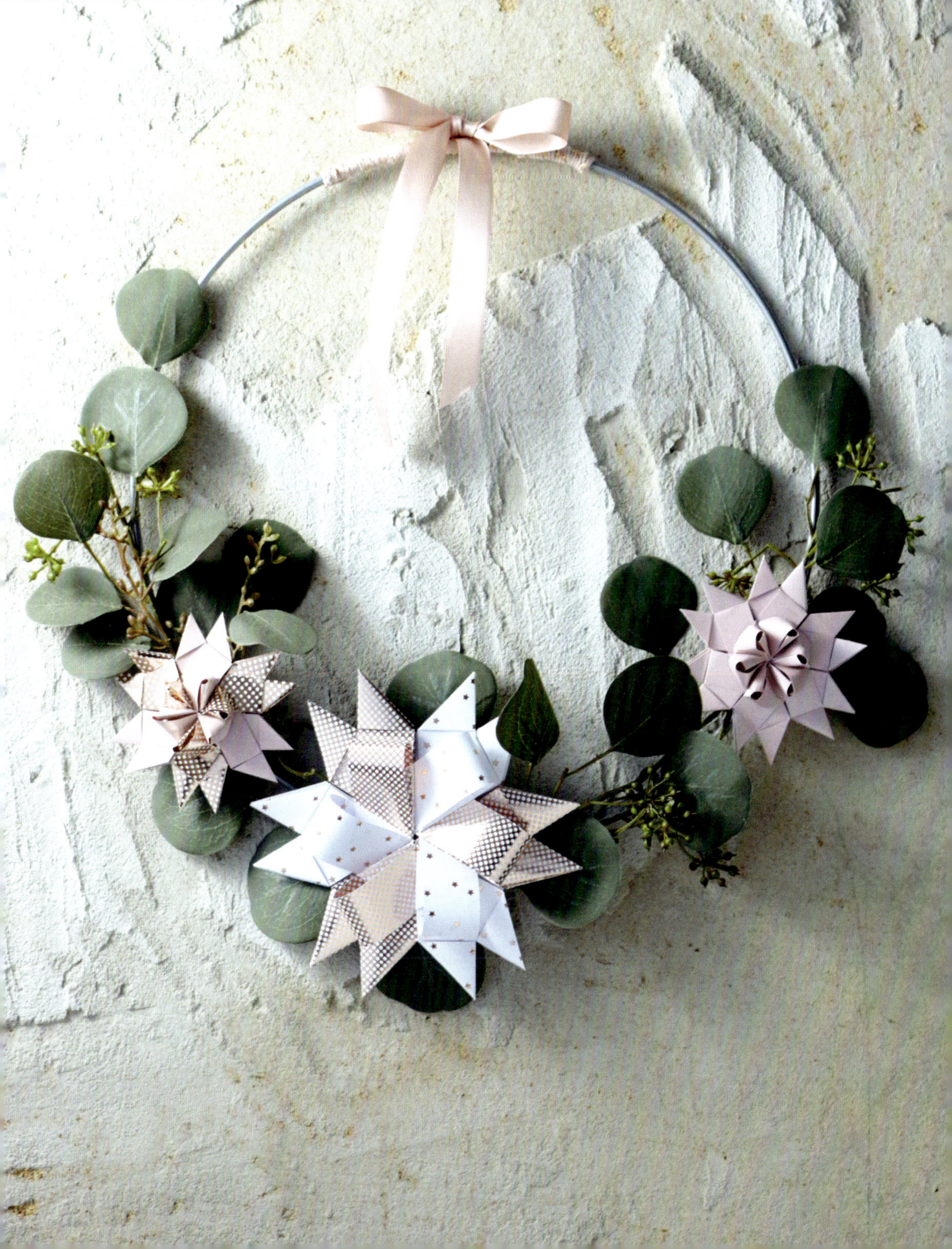

Glitzernde Sternschnuppen

strahlen in edlem Gold

MOTIVBREITE
19 cm

MATERIAL

- 3 Fröbelsternstreifen in Gold-glitzernd, 1,5 cm x 45 cm
- 3 Fröbelsternstreifen in Gold-glänzend oder Gold mit weißen Sternen, 1,5 cm x 45 cm
- Glitzerpapier in Gold, 10 cm x 15 cm
- Falzbein
- Lineal
- Schere
- UHU Alleskleber

VORLAGE
Seite 47

1 Aus den Fröbelsternstreifen einen 6er-Stern fertigen. Dazu den Schritten 1 bis 21 ab Seite 16 folgen. Die Streifen im farbigen Wechsel einhängen.

2 Nun den farbig markierten Streifen an der Strichlinie schräg nach oben falten, sodass er parallel zu den diagonalen Streifen liegt.

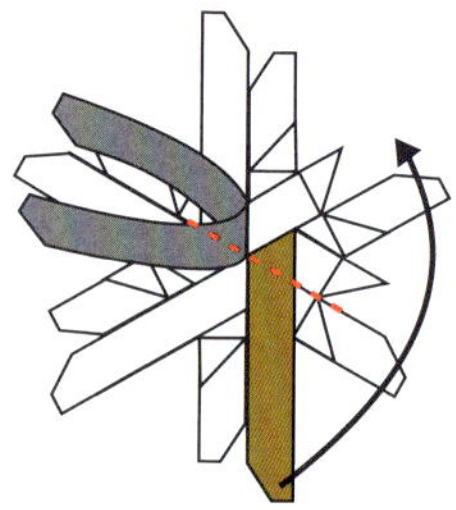

3 Den Streifen nach oben umklappen, sodass er auf dem anderen diagonalen Streifen liegt.

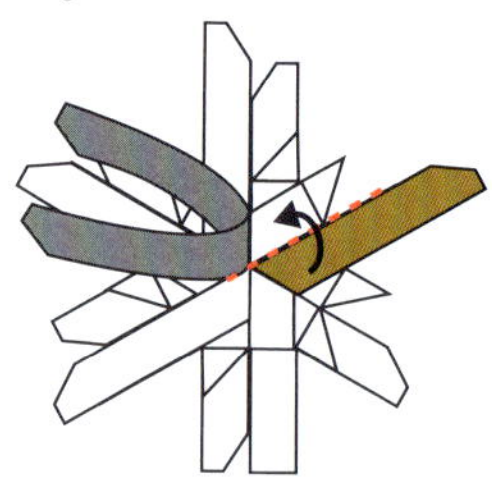

4 Dann die Spitze nehmen und nach links unter dem grau markierten Streifen einstecken.

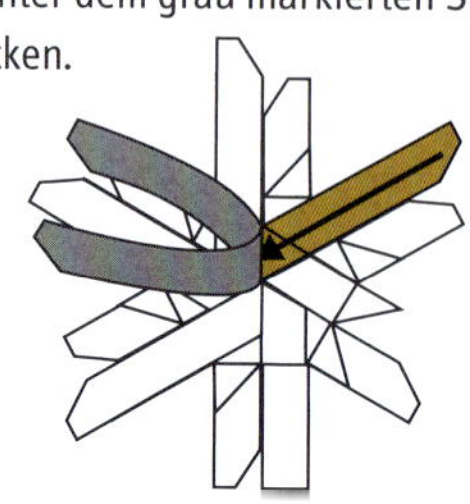

5 Den Streifen durchschieben, bis er links zur Sternspitze herausschaut und sich rechts eine Schlaufe bildet.

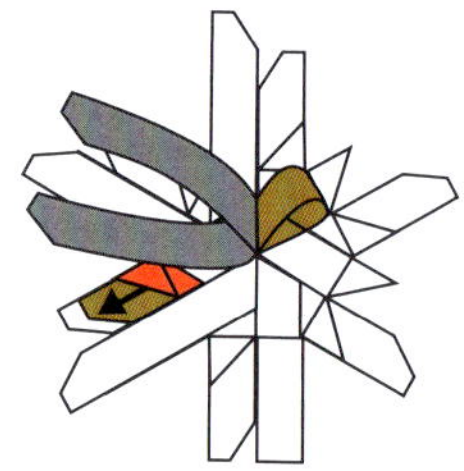

6 Das überstehende Ende an der Sternspitze abschneiden, dann die anderen Streifen ebenso falten und den Stern wie auf Seite 20/21 beschrieben fertigstellen.

7 Mithilfe der Vorlage den Schweif aus dem Glitzerpapier ausschneiden. Das Lineal an den Faltlinien anlegen und die Linien mit dem Falzbein nachziehen. Dann das Papier an den Linien im Zickzack falten, sodass ein plastischer Schweif entsteht. Den Schweif an der Spitze etwas mit Klebstoff bestreichen und wie abgebildet in den Stern stecken.

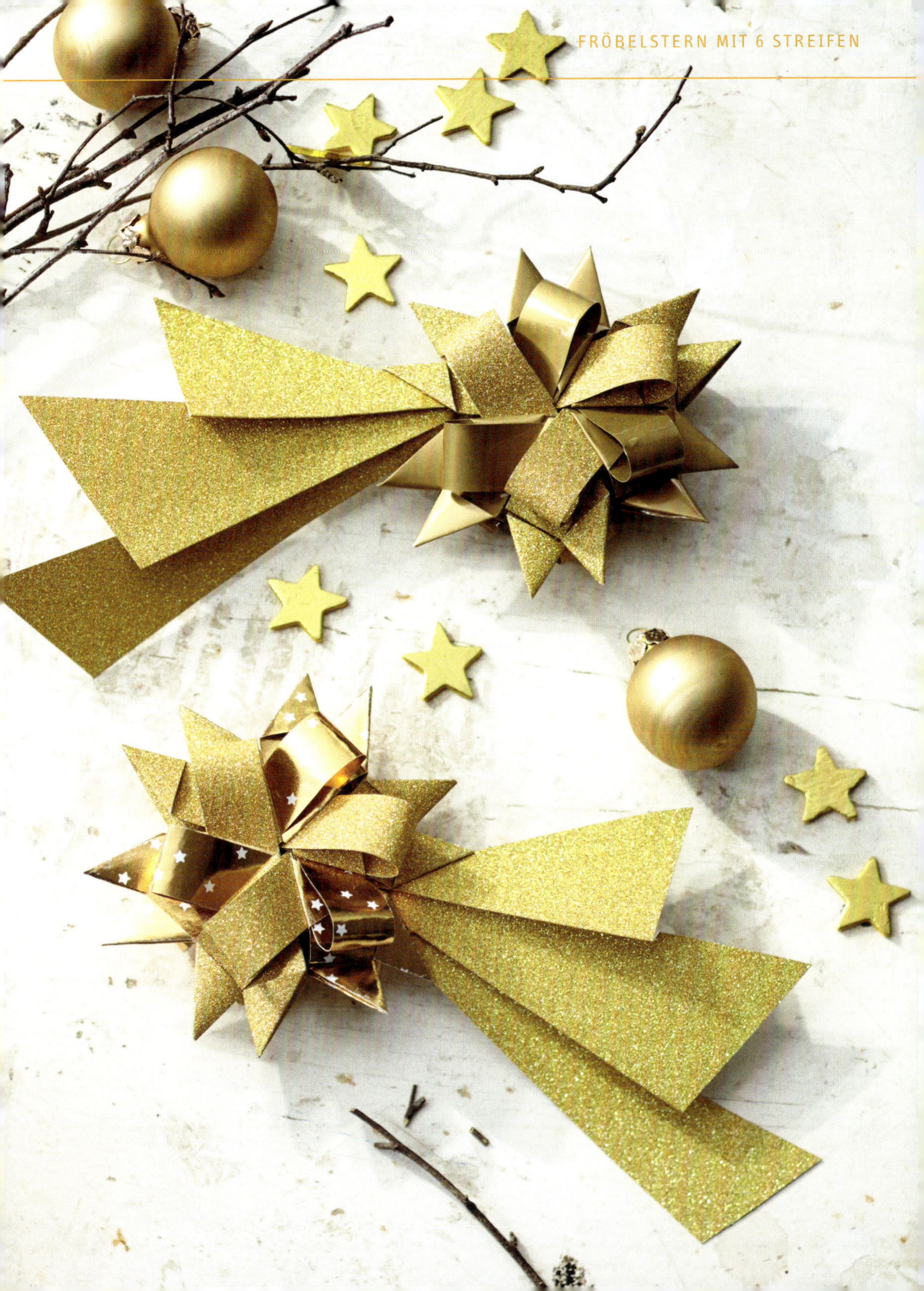

8er-Stern in Lila

elegante Farbkombination

MOTIVGRÖSSE
ø 9,5 cm und 17 cm

MATERIAL
- 8 Fröbelsternstreifen in Lila, 1,5 cm x 45 cm
- 8 Fröbelsternstreifen in Lila gemustert, 1,5 cm x 45 cm
- 8 Fröbelsternstreifen in Lila gemustert, 2,5 cm x 86 cm

VORLAGE
Schablone für 8er-Stern, Seite 46

Grundanleitung für Fröbelstern mit 8 Streifen

Die Grundform

1 Die acht Papierstreifen wie auf den Umschlagklappen beschrieben vorbereiten. Dann den ersten Streifen wie abgebildet an der Schablone für den Stern mit acht Streifen anlegen (siehe auch Arbeiten mit der Fröbelstern-Schablone).

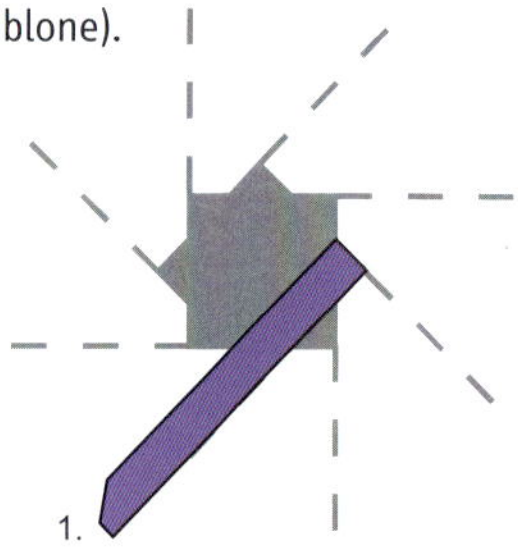

2 Den zweiten Streifen um den ersten herum einhängen und mithilfe der Schablone ausrichten.

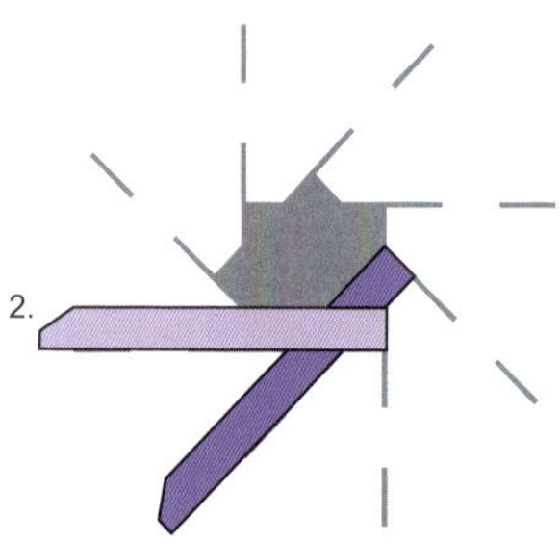

3 Jetzt wird der dritte Streifen um den ersten und den zweiten Streifen herum eingehängt und an der Schablone ausgerichtet.

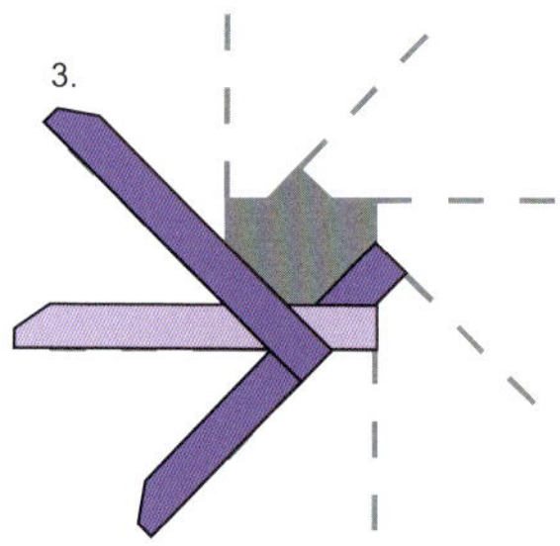

4 Den vierten, den fünften und den sechsten Streifen ebenso um die beiden vorherigen Streifen einhängen und an der Schablone ausrichten.

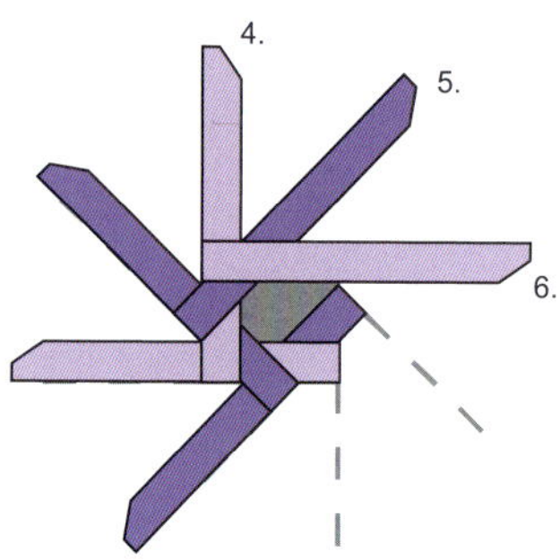

5 Den siebten Streifen ebenso einhängen und dann durch den ersten Streifen ziehen. Dadurch schließt sich das erste Quadrat, das aus vier gleichfarbigen Streifen besteht.

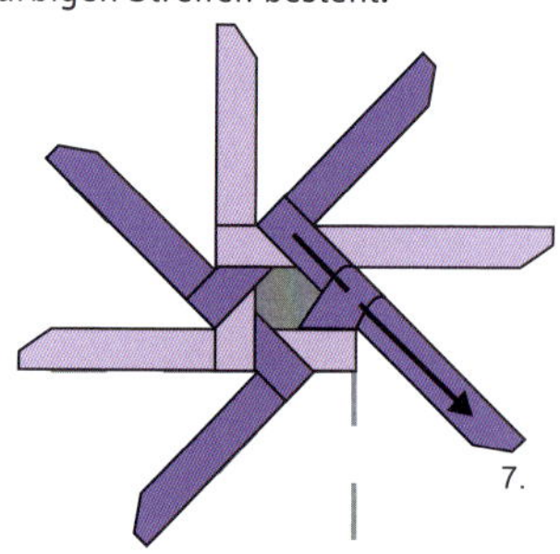

6 Den achten Streifen ebenso einhängen und zum Abschluss der ersten Runde durch den ersten und den zweiten Streifen ziehen. Dadurch schließt sich das zweite Quadrat. Die Streifen noch einmal sauber an der Schablone ausrichten.

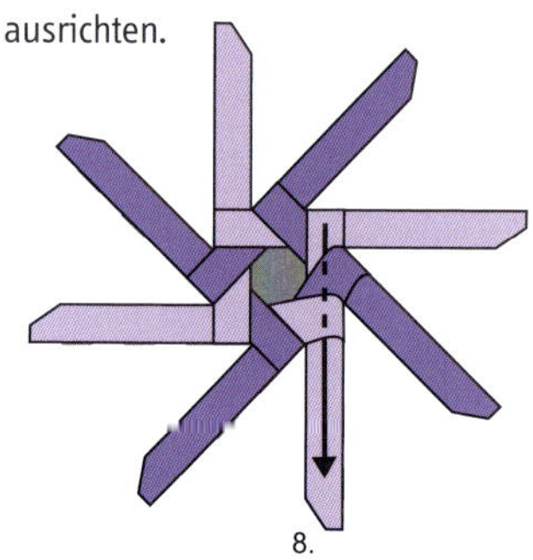

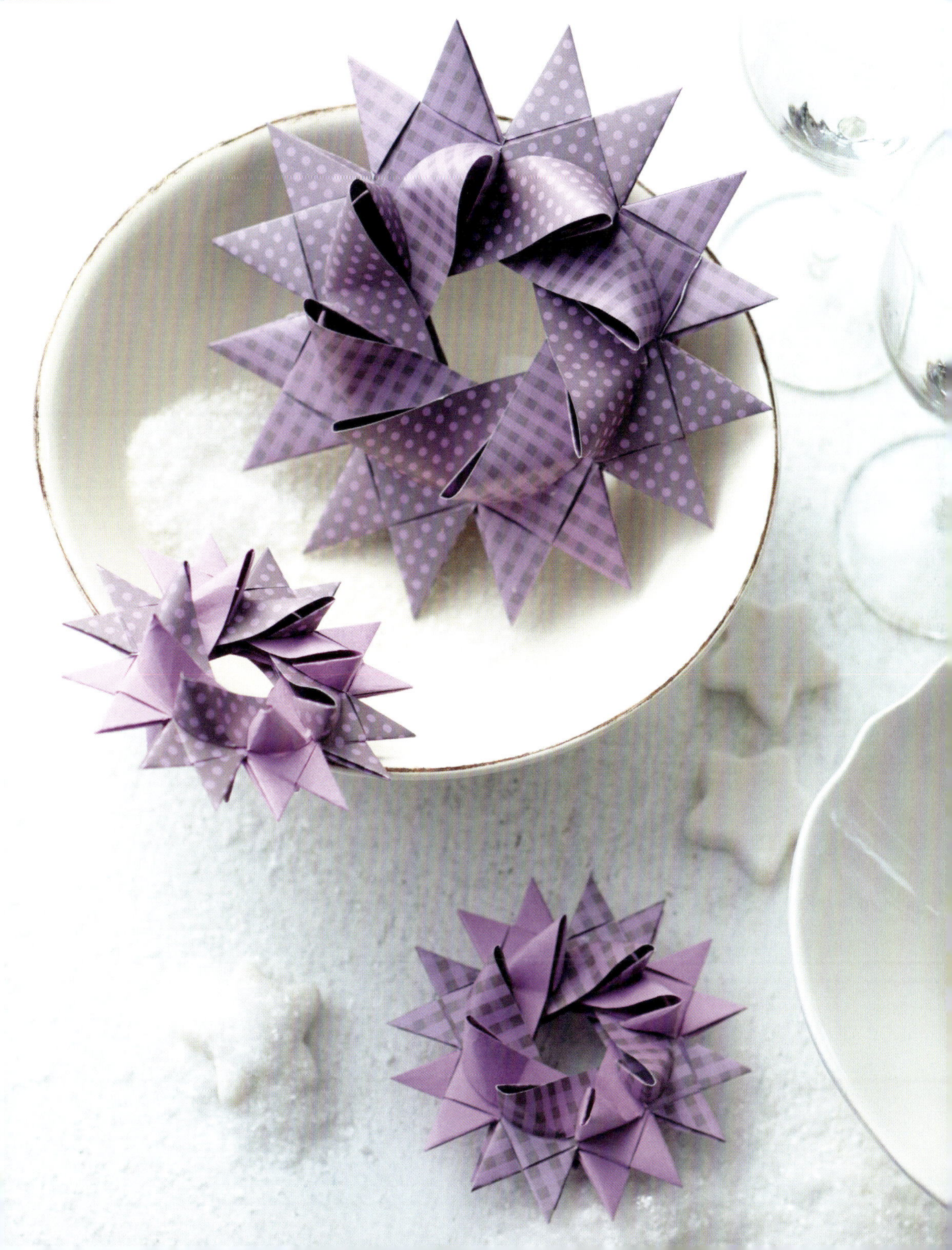

7 Nun beginnt die zweite Runde. Sie wird in die entgegengesetzte Richtung gearbeitet. Dazu zuerst die obere Lage des lila markierten Streifens nach oben falten.

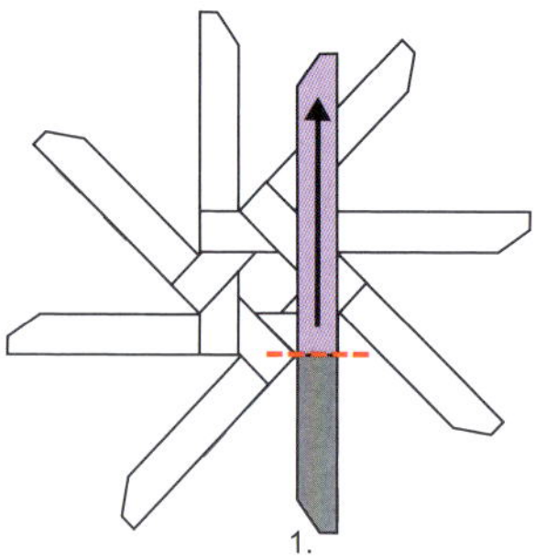

8 Den Schritt reihum entgegen dem Uhrzeigersinn mit den nächsten fünf Streifen wiederholen.

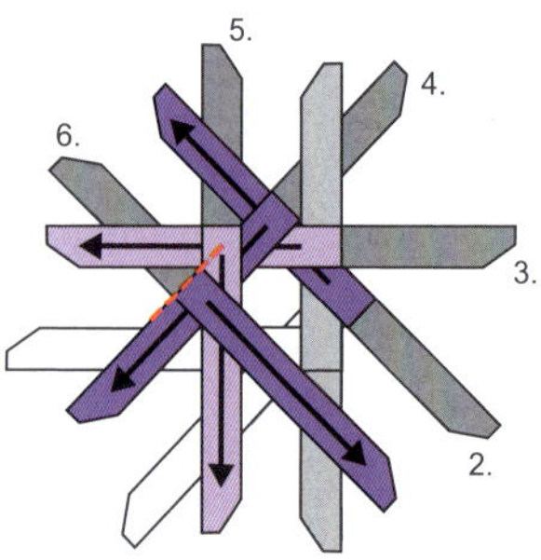

9 Den siebten Streifen ebenso falten und dann durch die Lasche des ersten Streifens durchziehen.

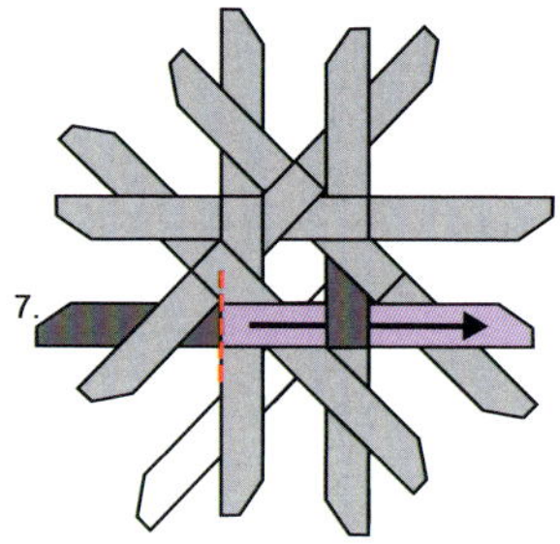

10 Den achten Streifen ebenso falten und dann durch die Lasche des ersten und des zweiten Streifens durchziehen. Damit ist die Grundform fertig und die acht Streifen sind fest miteinander verwoben. Die Schablone wird nun nicht mehr benötigt.

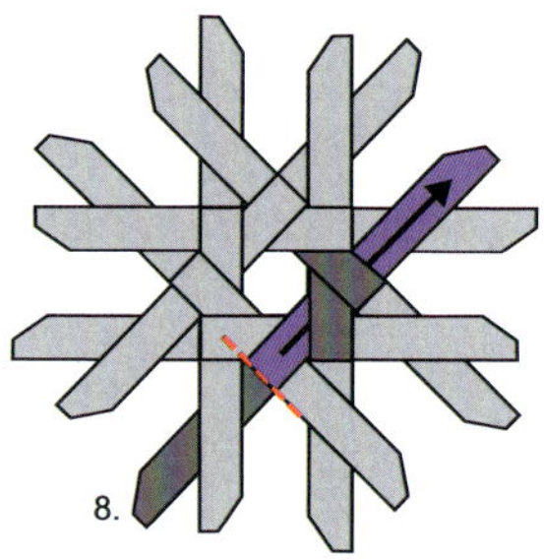

Mein Tipp für Sie

Prüfen Sie am Ende noch einmal, ob das Drüber und Drunter der Streifen auf beiden Sternseiten richtig ist. Fehler lassen sich leicht an Unregelmäßigkeiten im Muster der Streifen erkennen. Bei acht Papierstreifen kann es schnell passieren, dass mal ein Streifen falsch eingehängt oder durchgezogen wird. Das lässt sich jetzt aber noch ganz leicht korrigieren. Einfach den betroffenen Streifen noch einmal lösen und dann richtig einfügen.

Die Sternspitzen

11 Nun geht es mit dem rechten senkrechten Streifen weiter. Das obere Ende des Streifens über hinten nach rechts falten, sodass es einen rechten Winkel bildet.

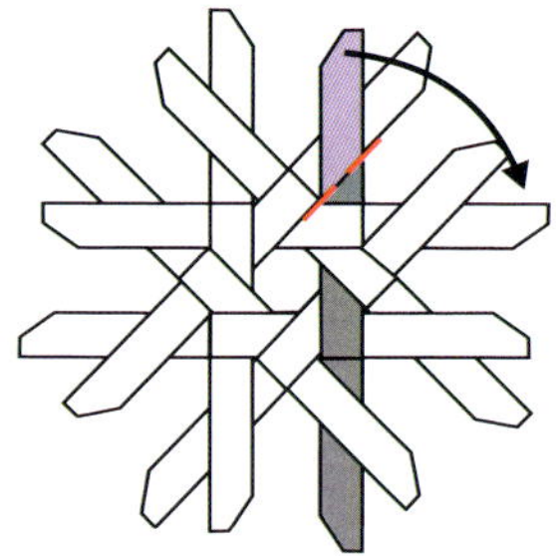

12 Dann das obere Ende über vorn im rechten Winkel nach unten falten, sodass es nun parallel zum unteren Ende liegt und sich oben eine Spitze bildet.

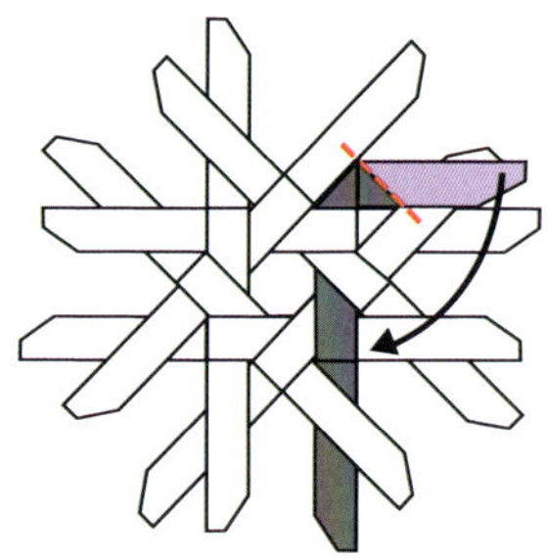

13 Die rechte Hälfte auf die linke klappen.

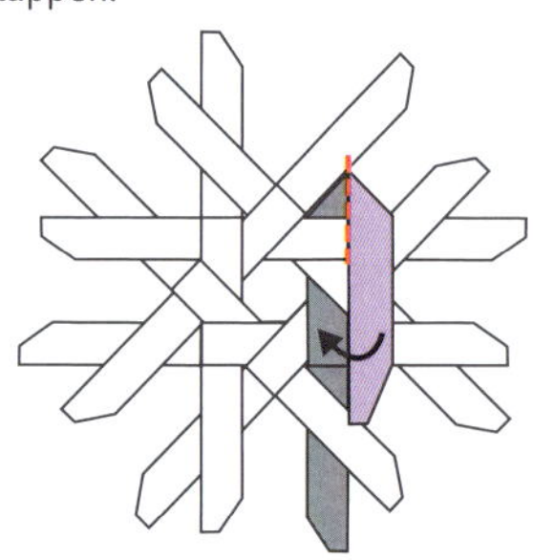

14 Die obere Lage nach oben falten und dabei die kleine Spitze nach hinten falten.

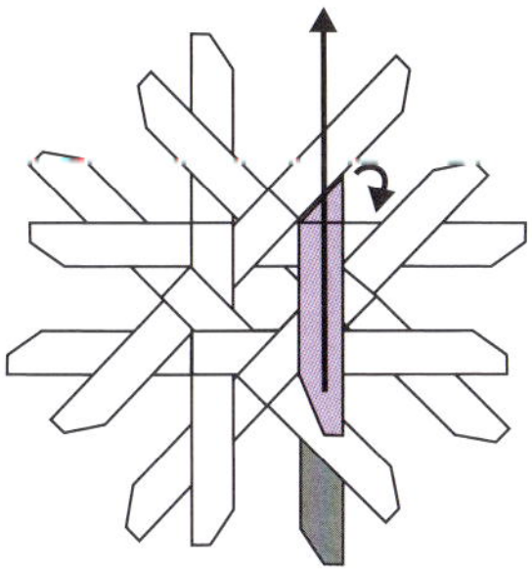

15 Schließlich das obere Ende greifen, durch die rot markierte Lasche stecken und nach unten ziehen. Dabei richtet sich die kleine Spitze wieder auf.

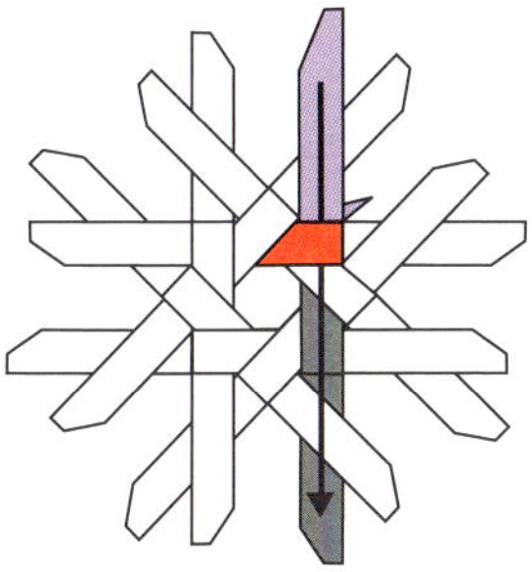

16 Damit ist die erste Sternspitze fertig und die Faltschritte werden reihum mit den anderen sieben Streifen wiederholt. Den Stern dazu immer im Uhrzeigersinn um ein Achtel weiterdrehen, sodass der nächste Streifen rechts senkrecht ausgerichtet ist.

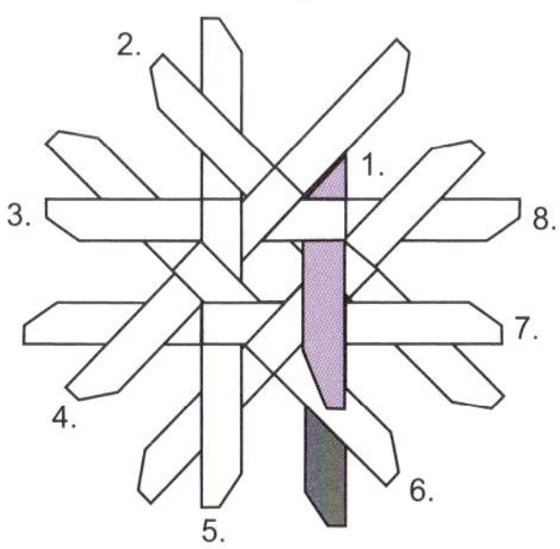

17 Nach der ersten Runde hat der Stern acht Sternspitzen und wird gewendet.

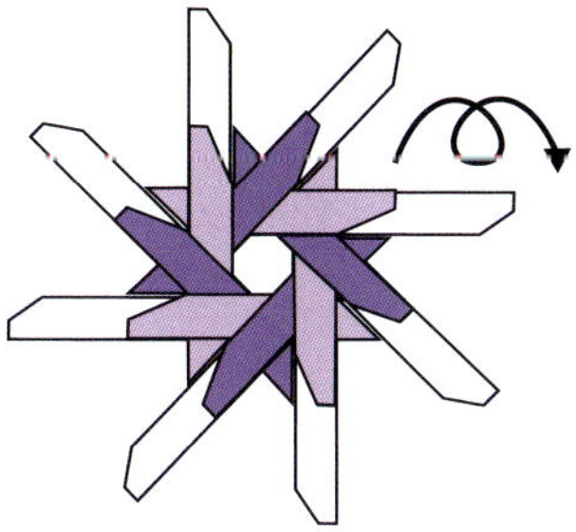

18 Den Stern wieder so hindrehen, dass der rechte Streifen senkrecht ausgerichtet ist. Dann die obere Lage nehmen und die Faltschritte 11 bis 15 wiederholen.

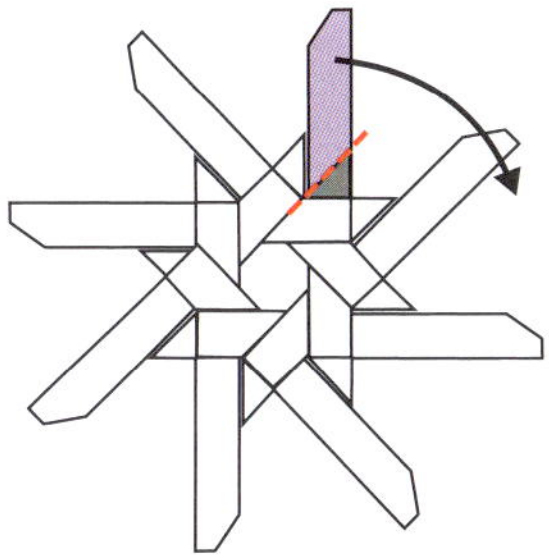

19 Wenn die Sternspitze fertig ist, die Schritte 11 bis 15 reihum mit den anderen sieben Streifen wiederholen. Den Stern dazu wieder im Uhrzeigersinn weiterdrehen.

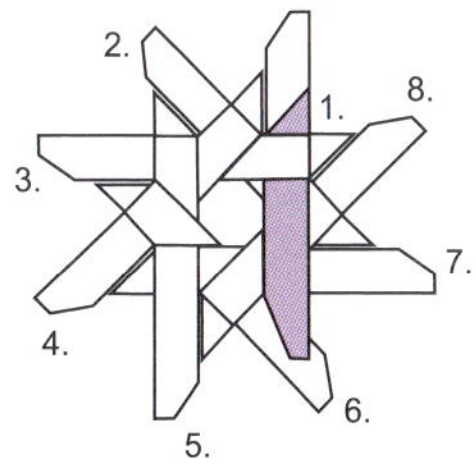

20 Am Ende der zweiten Runde sind alle sechzehn Sternspitzen fertig. Auf jeder Seite sind acht Sternspitzen zu sehen, die anderen werden von den Streifen verdeckt.

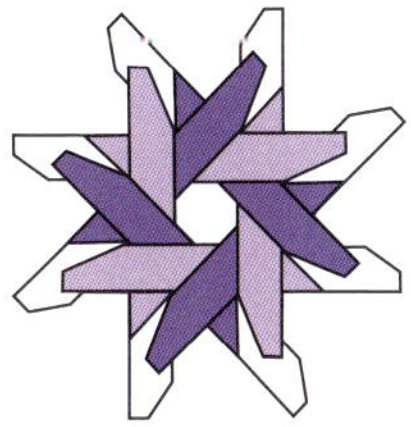

Mein Tipp für Sie

Beim Stern aus acht Fröbelsternstreifen kommt es immer wieder vor, dass bereits gefaltete Streifen die Sicht verdecken. Die Streifen einfach zur Seite biegen, möglichst ohne sie zu knicken, und dann wieder an ihre ursprüngliche Stelle zurücklegen.

Die Sterntüten

21 Die beiden farbig markierten Streifen nach oben legen, damit freie Sicht für die erste Sterntüte geschaffen wird.

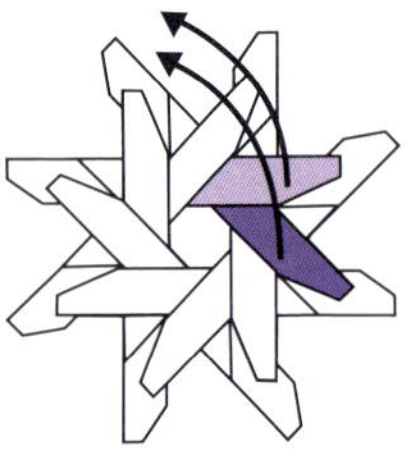

22 Nun wird der erste Streifen zur Sterntüte geformt. Dazu das untere Ende des rechten senkrechten Streifens an der Lasche nach oben falten.

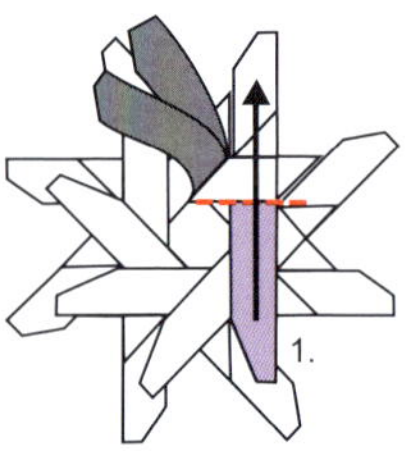

23 Den Streifen danach gegen den Uhrzeigersinn über rechts zur Schlaufe legen und unter den zuvor nach oben gelegten Streifen (grau) einstecken.

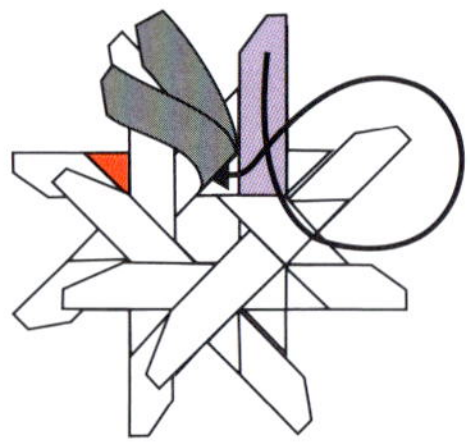

24 Den Streifen weiter unter die grau markierten Streifen schieben, bis er vorn an der Sternspitze (rot) zum Vorschein kommt ...

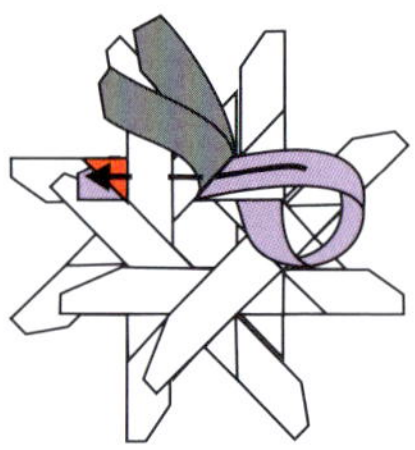

25 und schließlich so weit herausziehen, bis er sich hinten zur Sterntüte eingedreht hat.

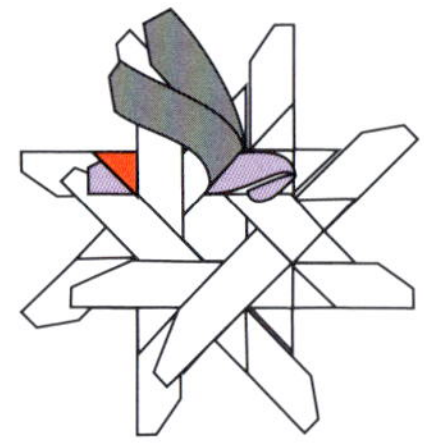

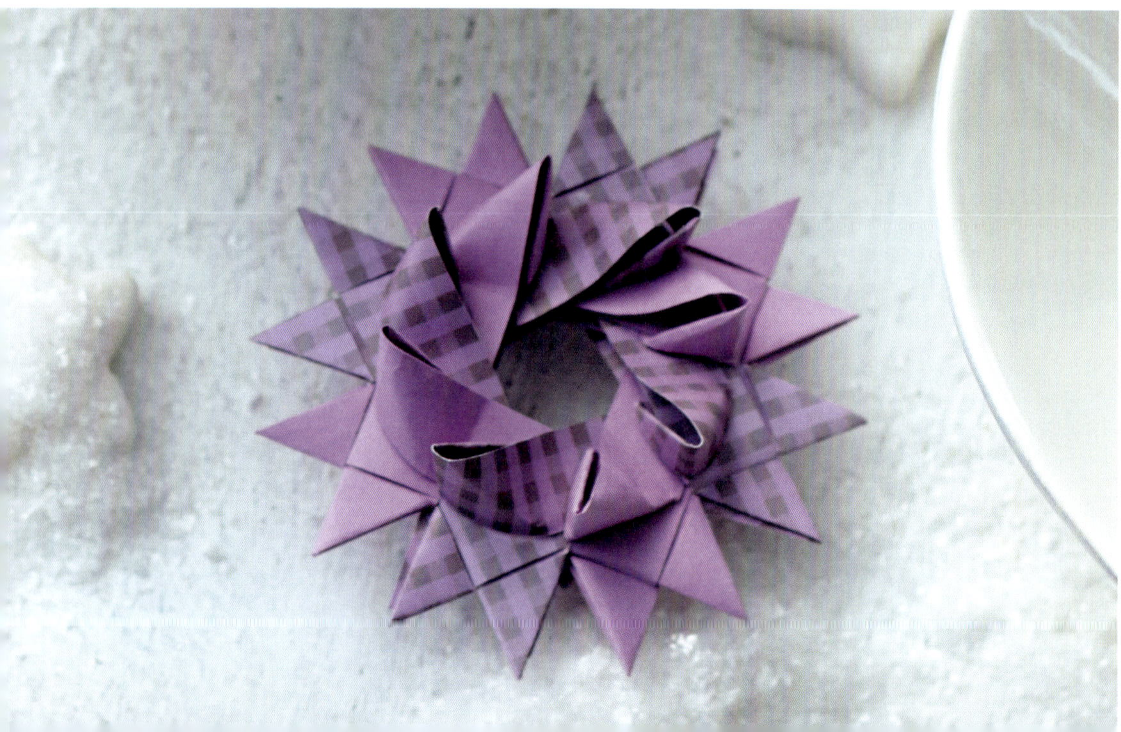

26 Die Sterntüte an ihren Platz schieben und ggf. etwas modellieren (siehe TIPPS), dann das Ende, das vorn aus der Sternspitze ragt, vorsichtig mit der Schere abschneiden. Dann den Stern gegen den Uhrzeigersinn um ein Achtel weiterdrehen, sodass der nächste Streifen rechts senkrecht ausgerichtet ist.

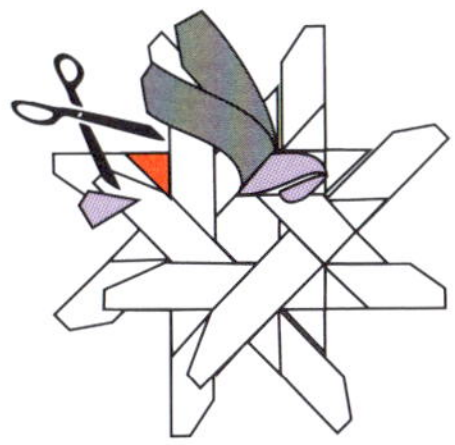

27 Die Faltschritte 22 bis 26 mit dem zweiten Streifen wiederholen. Dann den dritten, den vierten, den fünften und den sechsten Streifen ebenso zur Sterntüte formen.

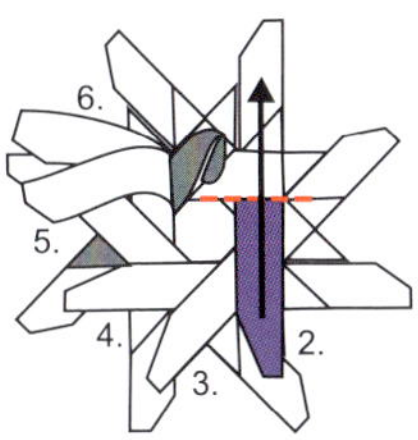

28 Auch der siebte und der achte Streifen werden wie beschrieben zur Sterntüte geformt. Dabei aber beachten, dass die Streifen in Faltschritt 21 umgelegt wurden. Die Streifen also zuerst wieder in Ausgangsposition bringen …

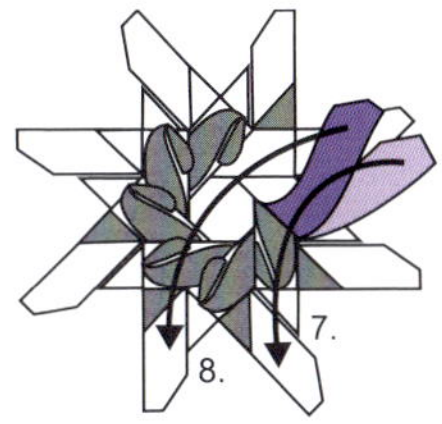

29 … und dann erst die Faltschritte 22 bis 26 ausführen.

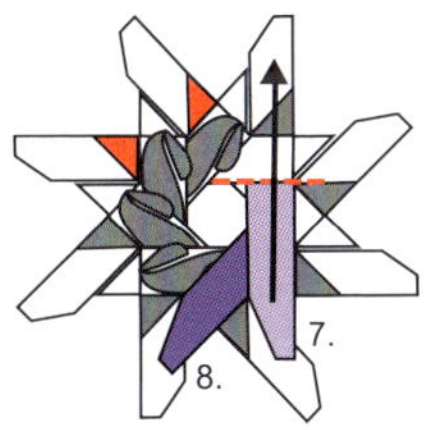

30 Am Ende der Runde hat der Stern acht Sterntüten und wird gewendet, um auch auf der zweiten Seite die Sterntüten zu formen.

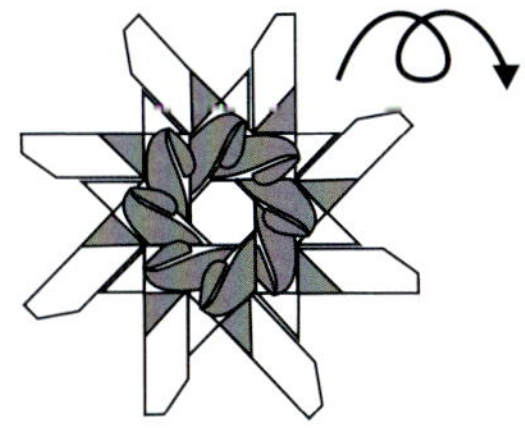

31 Die Schritte 21 bis 29 wiederholen, dann ist der Stern fertig.

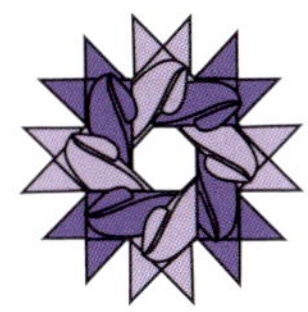

Meine Tipps für Sie

Dieser Stern lässt sich auch aus vier breiten und vier schmalen Streifen arbeiten, die im Wechsel ineinander eingehängt werden. Als Grundform entstehen dann ein großes und ein kleines Quadrat, die ineinander verwoben sind. Der Stern bekommt dadurch eine eher quadratische Grundform. Sterne aus unterschiedlich breiten Streifen sind auf Seite 12/13 und 38/39 zu sehen.

Je nach Stärke und Festigkeit der verwendeten Papierstreifen bleiben die Sterntüten mal mehr und mal weniger an ihrem Platz. Wenn sie sich verschieben, können sie einfach mit etwas Klebstoff auf der Oberseite der Grundform des Sterns fixiert werden. Das ist beim 8er-Stern besonders bei breiten Streifen aus eher dünnem Papier empfehlenswert.

Kerzenständer

in edlen Brauntönen

MOTIVGRÖSSE
ø 25,5 cm

MATERIAL
- 4 Fröbelsternstreifen in Braun gepunktet, 4 cm x 100 cm
- 4 Fröbelsternstreifen in Natur-Braun gemustert, 4 cm x 100 cm
- LED-Echtwachskerze in Weiß, ø 7,5 cm, 15 cm hoch
- UHU Alleskleber

1 Mit den acht Fröbelsternstreifen einen 8er-Fröbelstern falten (siehe Seite 30). Die extrabreiten Streifen sind bereits einmal mittig vorgefaltet. Diese Faltung kann für das Einhängen der Streifen und Arbeiten der Grundform beibehalten werden, da der Stern später nur auf einer Seite mit Sterntüten ausgearbeitet wird. Die Streifen werden im farbigen Wechsel ineinander eingehängt.

2 Nachdem alle 16 Sternspitzen fertig sind, den Stern mit der Seite mit den kürzeren Fröbelsternstreifen nach oben hinlegen. Die überstehenden Fröbelsternstreifen an der Lasche sauber mit der Schere abschneiden.

3 Den Stern wenden und auf der Oberseite mit den langen Fröbelsternstreifen die Sterntüten falten. Damit die Sterntüten am Platz bleiben, können sie etwas mit Klebstoff fixiert werden.

4 Nach dem Trocknen die LED-Echtwachskerze mittig in den Fröbelstern stellen und einschalten.

Mein Tipp für Sie

Bitte niemals eine echte Kerze unbeaufsichtigt im Kerzenständer brennen lassen. LED-Echtwachskerzen sind eine optisch ansprechende Alternative und garantiert brandsicher. Wenn Sie eine echte Kerze verwenden möchten, die Kerze bitte in ein Glaswindlicht stellen.

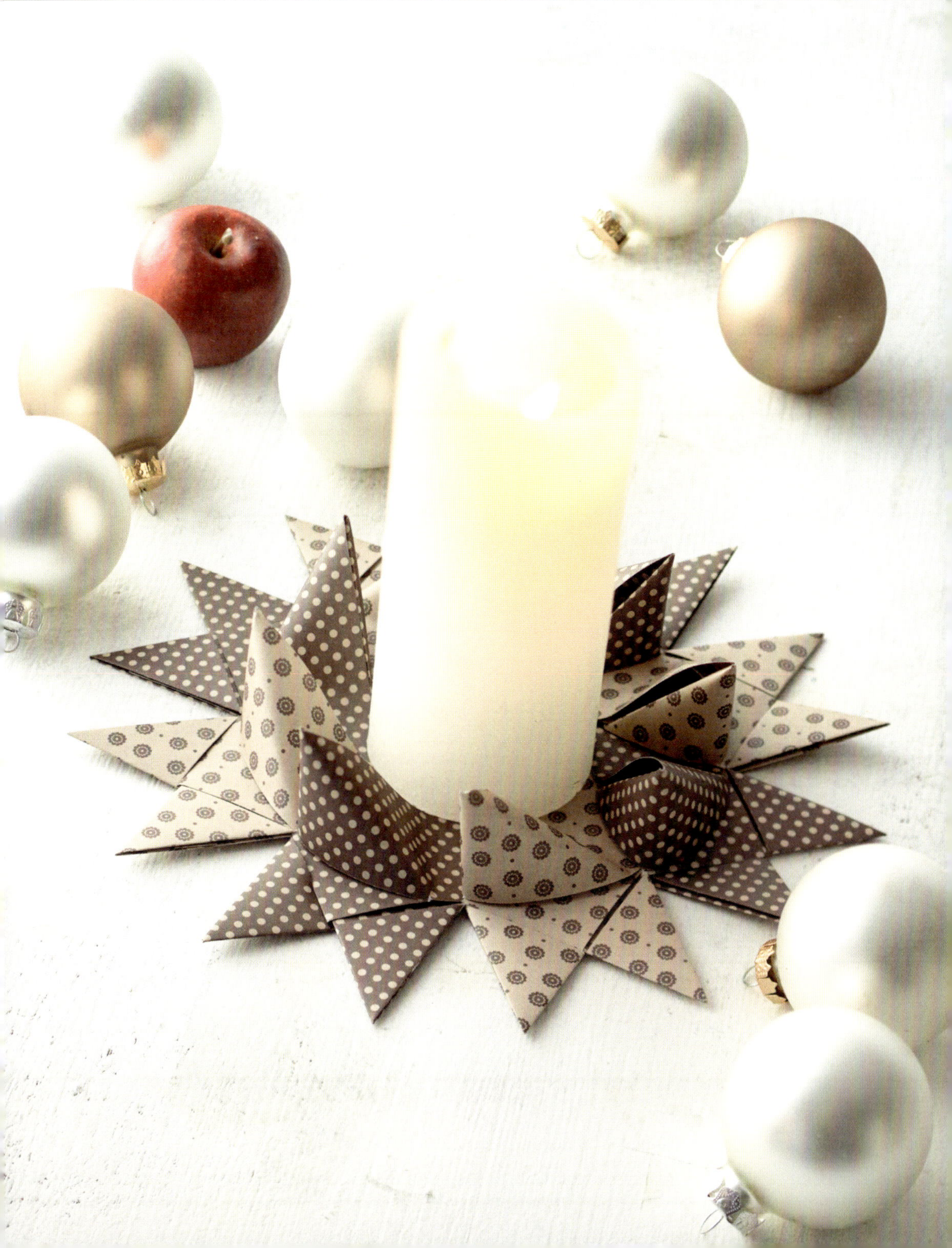

Glamour pur

in tiefen Rottönen

MOTIVGRÖSSE
ø 14 cm

MATERIAL

- 4 Streifen in Bordeaux-glitzernd oder Bordeaux-glänzend, 2,5 cm x 86 cm
- 4 Streifen in Bordeaux-glänzend oder Bordeaux-glitzernd, 1,5 cm x 45 cm

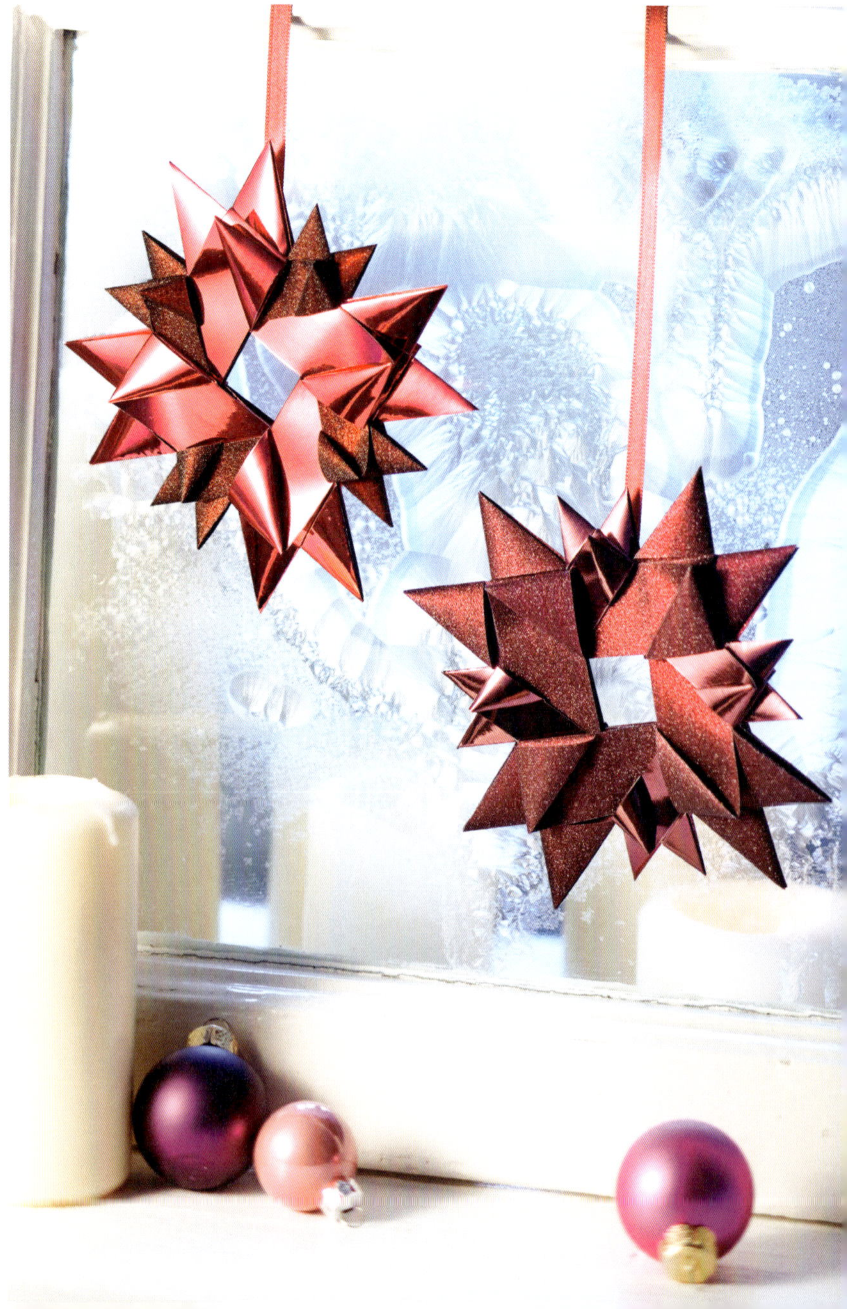

1 Die breiten und die schmalen Streifen in Wechsel wie ab Seite 30 beschrieben ineinander einhängen, sodass ein großes und ein kleines Quadrat entstehen, die ineinander verwoben sind (siehe Abbildung 1, diese Seite).

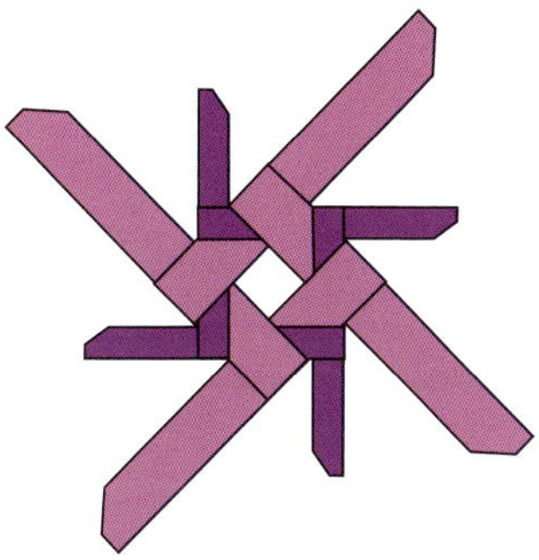

2 Der Grundanleitung weiter bis Schritt 21 folgen, bis die Sternspitzen fertig sind und die Sicht frei ist. Dann den bordeauxfarben markierten Streifen an der Lasche schräg nach oben falten.

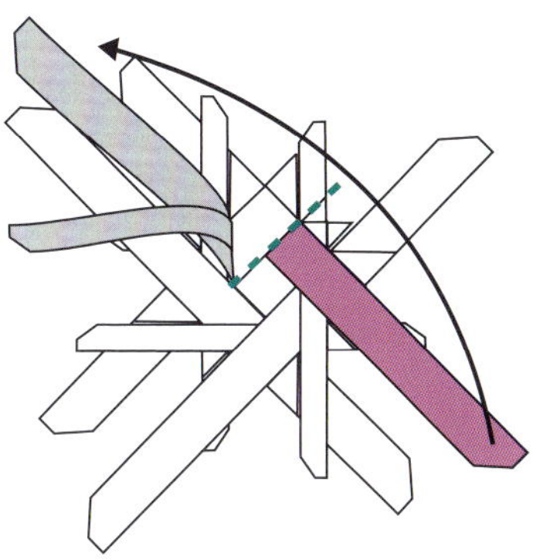

3 Nun den Streifen nach rechts falten.

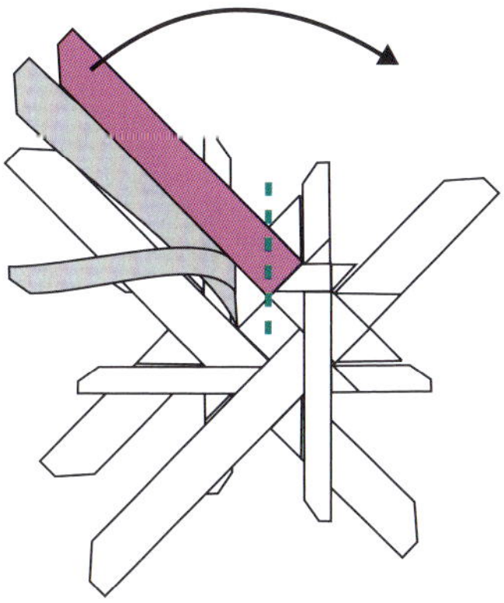

4 Das Ende des Streifens greifen und über hinten nach links unter den grau markierten Streifen einstecken.

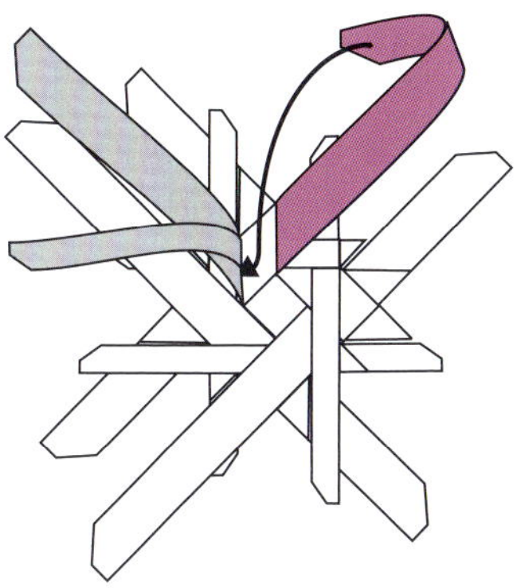

5 Den Streifen weiter in Richtung der linken Sternspitze (petrol markiert) schieben, bis sich rechts ein Dreieck bildet.

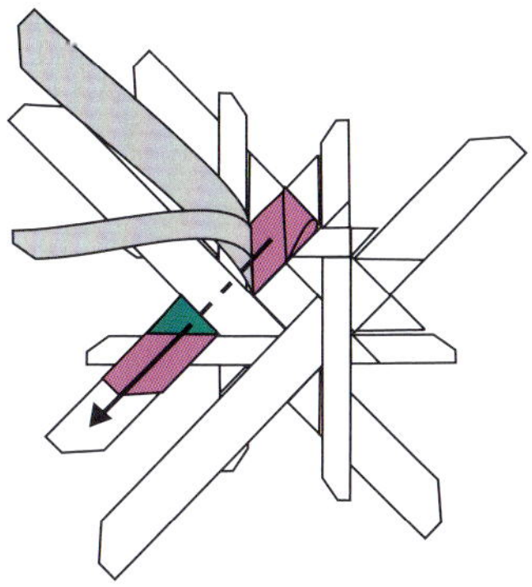

6 Weiter der Anleitung ab Step 26 auf Seite 35 folgen. Die anderen Streifen jedoch nicht zu Sterntüten, sondern wie hier beschrieben zu Dreiecken falten.

Schneeflocken

in glänzendem Silber

MOTIVGRÖSSE
ø 14 cm

MATERIAL
- 4 Fröbelsternstreifen in Weiß, 1,5 cm x 45 cm
- 4 Fröbelsternstreifen in Silber-glänzend oder -schimmernd, 1,5 cm x 45 cm
- Tonpapier in Weiß, ca. 18 cm x 12 cm
- Klebefilm in Transparent

VORLAGE
Seite 47

1 Die Streifen in der Mitte schräg durchschneiden, sodass es acht Streifen in Weiß und acht Streifen in Silber sind. Dann immer einen weißen und einen silberfarbenen Streifen an der geraden schmalen Kante mit Klebefilm verbinden.

2 Anschließend die acht neuen Streifen an der Klebestelle doppeltlegen – wobei der Klebefilm innen liegt, sodass er nicht zu sehen ist.

3 Die Streifen wie in der Anleitung für den Fröbelstern aus acht Fröbelsternstreifen (siehe Seite 30) ineinander einhängen und die Grundform und die Sternspitzen arbeiten. Darauf achten, dass sich der Klebefilm nicht löst.

4 Der Anleitung bis einschließlich Faltschritt 21 folgen. Dann den rechten senkrechten Streifen nehmen und an der Lasche im rechten Winkel nach rechts falten.

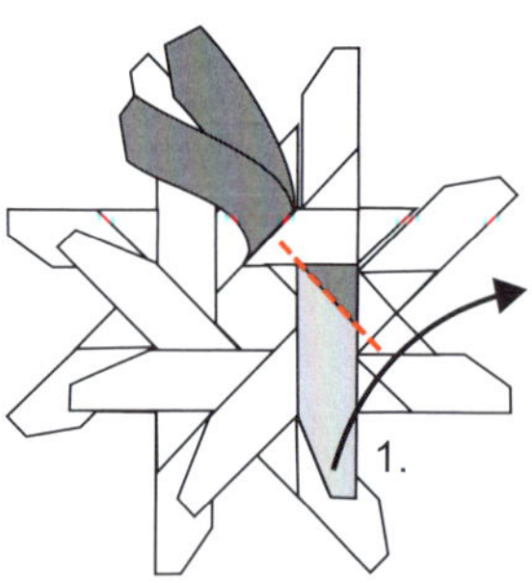

5 Dann den Streifen nach oben klappen …

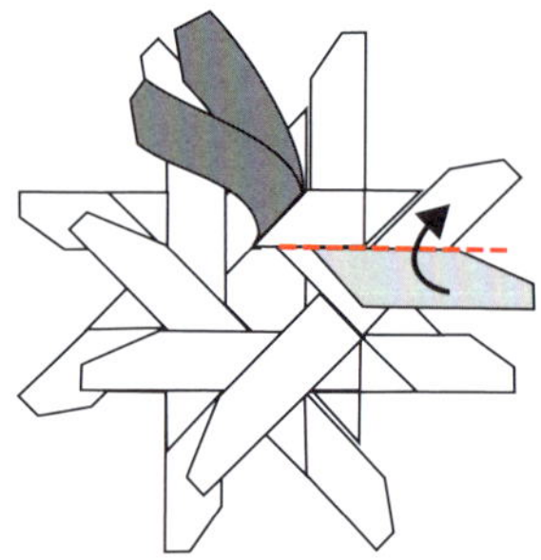

6 … und schließlich nach links unter die beiden grau markierten Streifen bzw. die vorherige Schlaufe einstecken, bis das Ende vorn an der Sternspitze wieder zum Vorschein kommt. Den Streifen so weit durchziehen, dass sich rechts über dem kleinen Dreieck eine flache Schlaufe bildet.

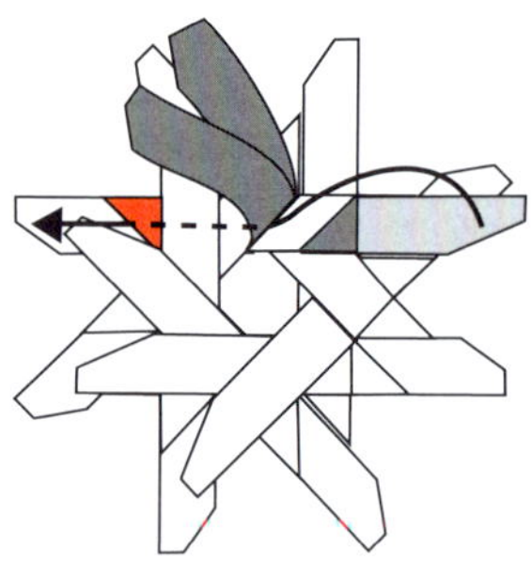

7 Die Faltschritte auf beiden Seiten mit den anderen Streifen wiederholen. Dann die überstehenden Streifen abschneiden.

8 Zum Schluss mithilfe der Vorlage acht Schneeflocken-Arme aus dem Tonpapier ausschneiden und wie abgebildet in die Sternspitzen stecken. Bei Bedarf die Arme mit etwas Klebstoff fixieren.

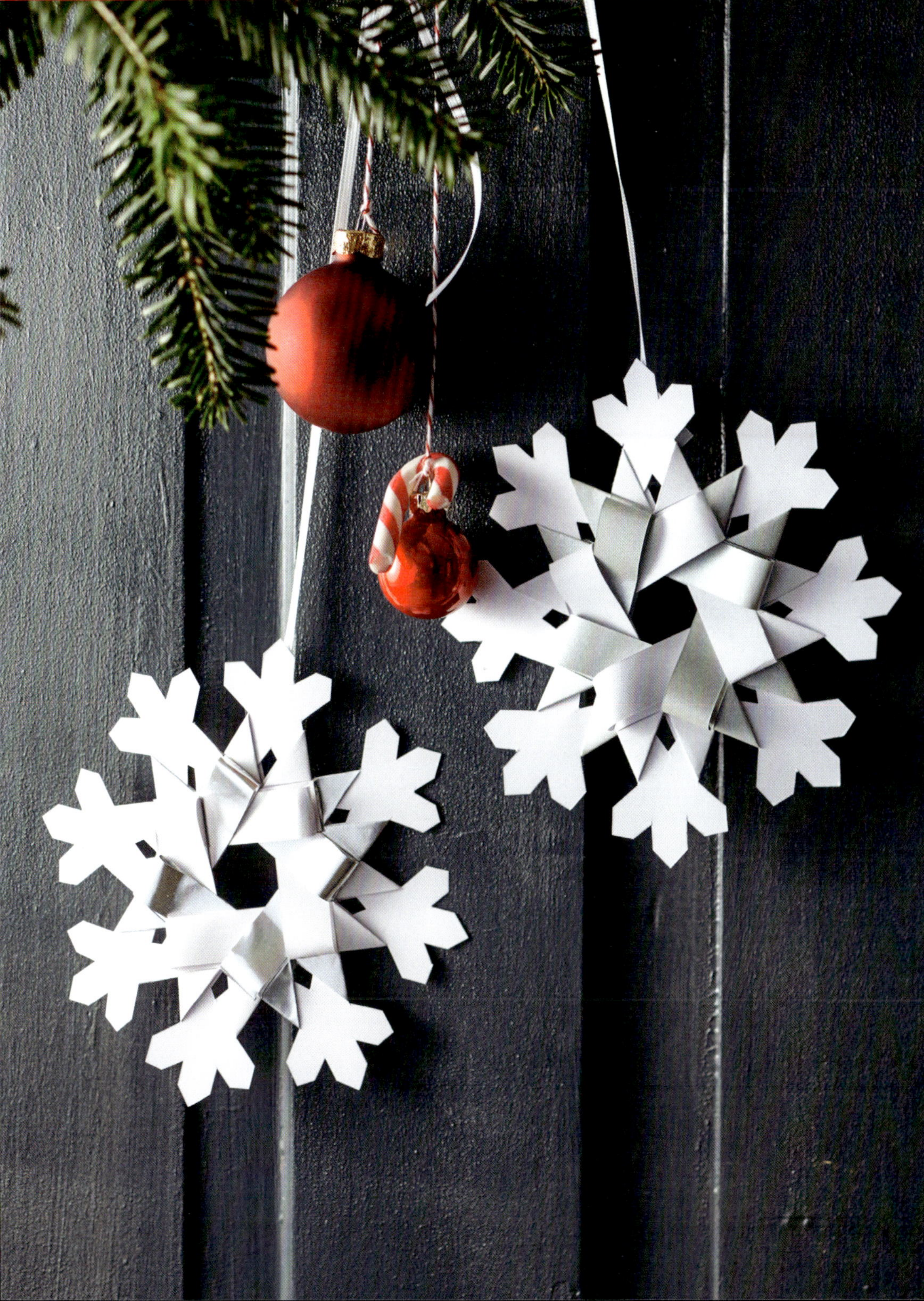

Festliche Weihnachtsgrüße

im Upcycling-Look

MOTIVGRÖSSE
Karte 14,5 cm x 14,5 cm

Anhänger ø 10 cm

MATERIAL
- 14 Fröbelsternstreifen in Weiß mit Buchschrift, 1,5 cm x 45 cm
- 4 Fröbelsternstreifen in Kraftpapier, 1,5 cm x 45 cm
- Tonkarton in Weiß, A5
- Kraftpapier, ca. 300 g/qm, 14,5 cm x 29 cm und Rest
- Satinkordel in Naturweiß, ø 2 mm, 30 cm lang
- UHU Alleskleber
- Filzstift mit Pinselspitze in Schwarz
- Bürolocher

VORLAGE
Seite 47

Karte

1 Das Kraftpapier-Rechteck mittig falten, sodass eine quadratische Doppelkarte entsteht. Dann zwei der Fröbelsternstreifen mit Buchschrift in vier 14,5 cm lange Stücke schneiden und am Rand der Karte entlang aufkleben. Die Enden der Streifen liegen dabei immer einmal drüber und einmal drunter.

2 Aus vier Fröbelsternstreifen in Kraftpapier und vier Fröbelsternstreifen mit Buchschrift einen Fröbelstern falten. Dazu den Faltschritten 1 bis 20 ab Seite 30 folgen. Die Streifen im farbigen Wechsel ineinander einhängen. Nach Schritt 20 die überstehenden Streifen abschneiden.

3 Aus dem weißen Tonkarton den großen Stern und den kleinen Stern ausschneiden (siehe Vorlage). Die Tonkartonsterne und den Fröbelstern wie abgebildet aufeinander kleben und mittig auf der Karte anbringen.

Geschenkanhänger

1 Aus acht Fröbelsternstreifen mit Buchschrift einen Fröbelstern falten. Dazu den Schritten 1 bis 20 ab Seite 30 folgen und anschließend die überstehenden Streifen abschneiden.

2 Mithilfe der Vorlage aus dem weißen Tonkarton einen Kreis und aus dem Kraftpapier einen mittleren Stern ausschneiden. Den Kreis mit „Frohes Fest“ beschriften, dann den Kreis, den Kraftpapierstern und den Fröbelstern aufeinander kleben.

3 Den Geschenkanhänger oben zwischen den Sternspitzen lochen und die Kordel als Aufhänger festknoten.

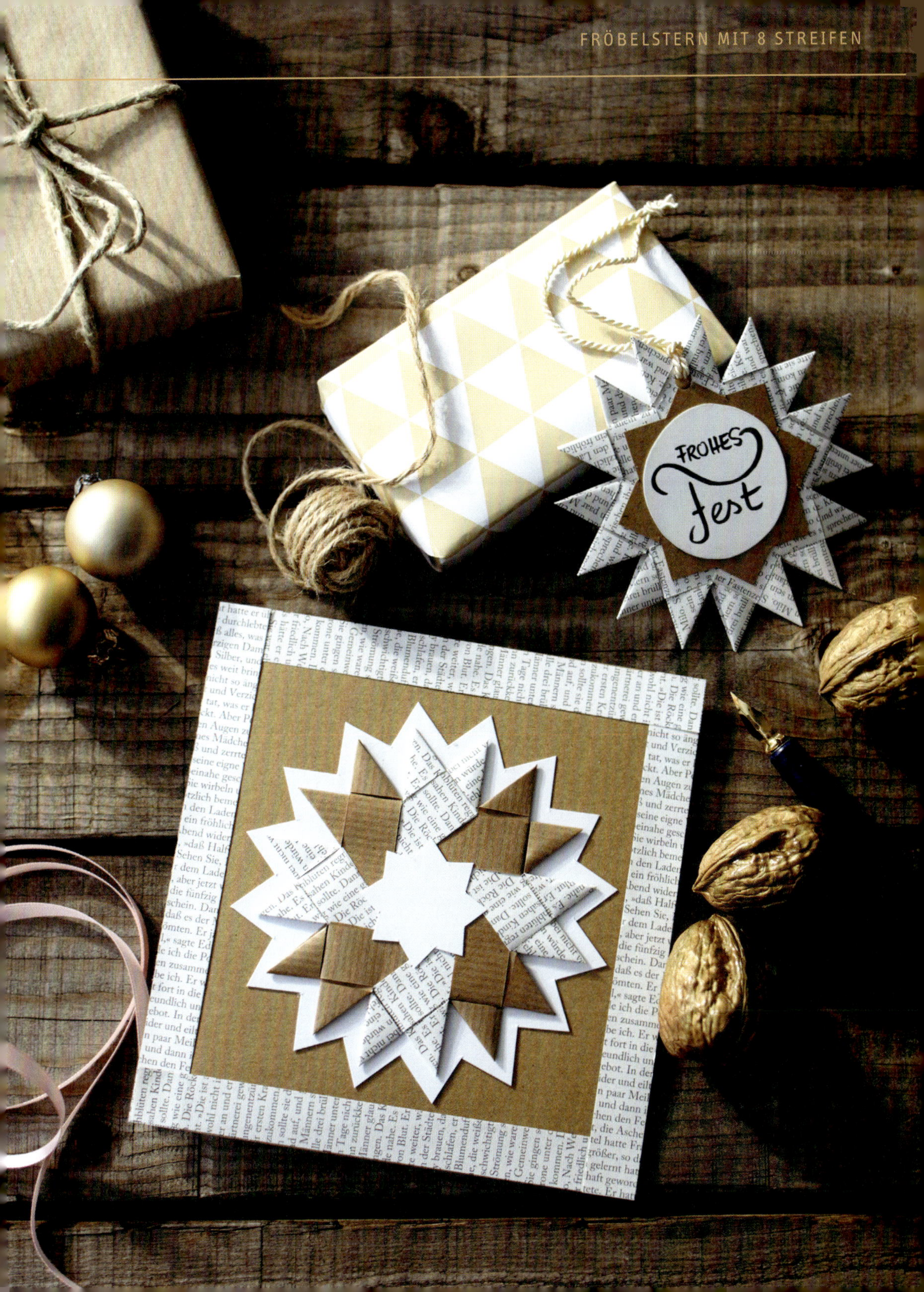
FROHES
Fest

Fröbel-Schablonen

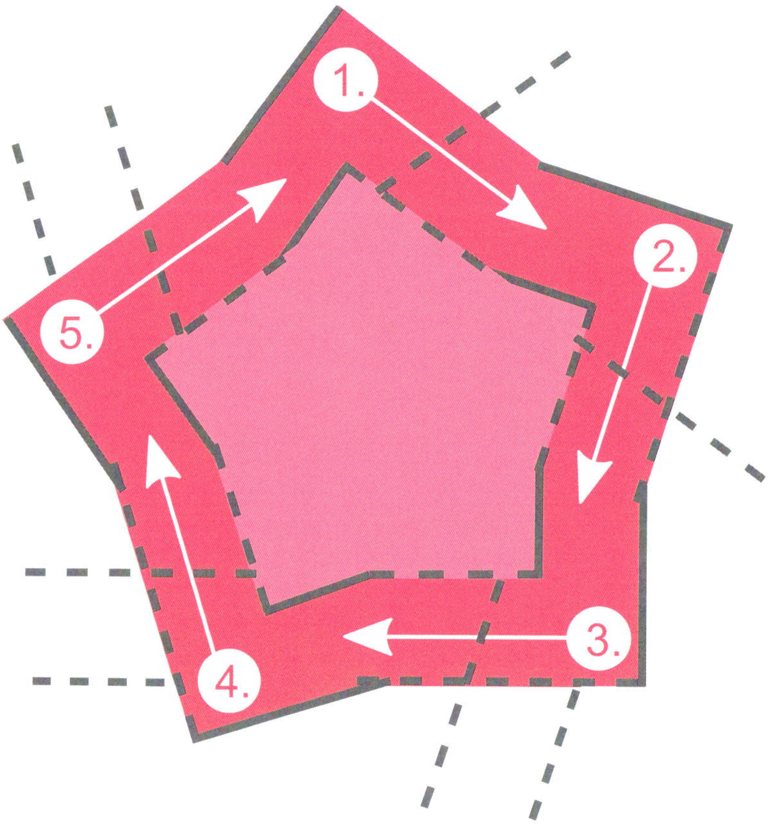

Schablone 5er-Stern
- Streifenbreite 1,5 cm
- Streifenbreite 2,5 cm

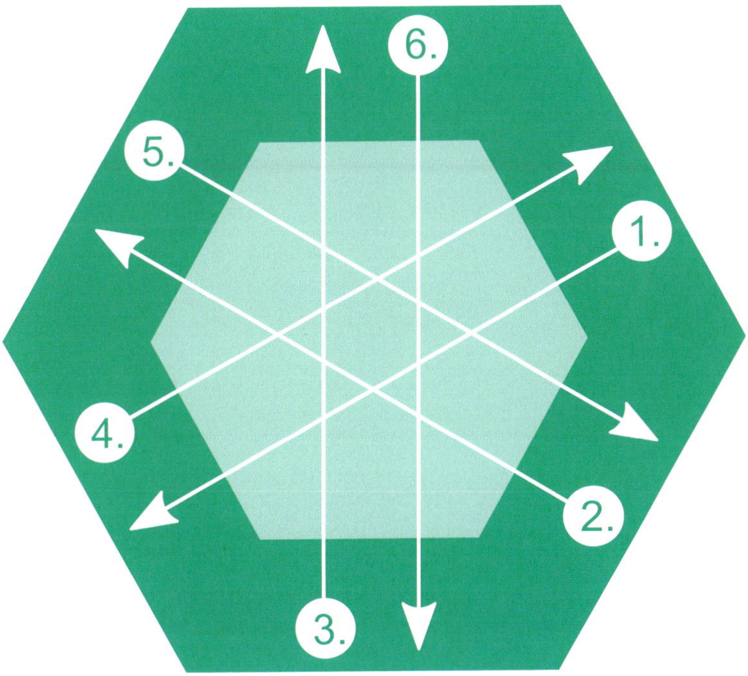

Schablone 6er-Stern

- Streifenbreite 1,5 cm
- Streifenbreite 2,5 cm

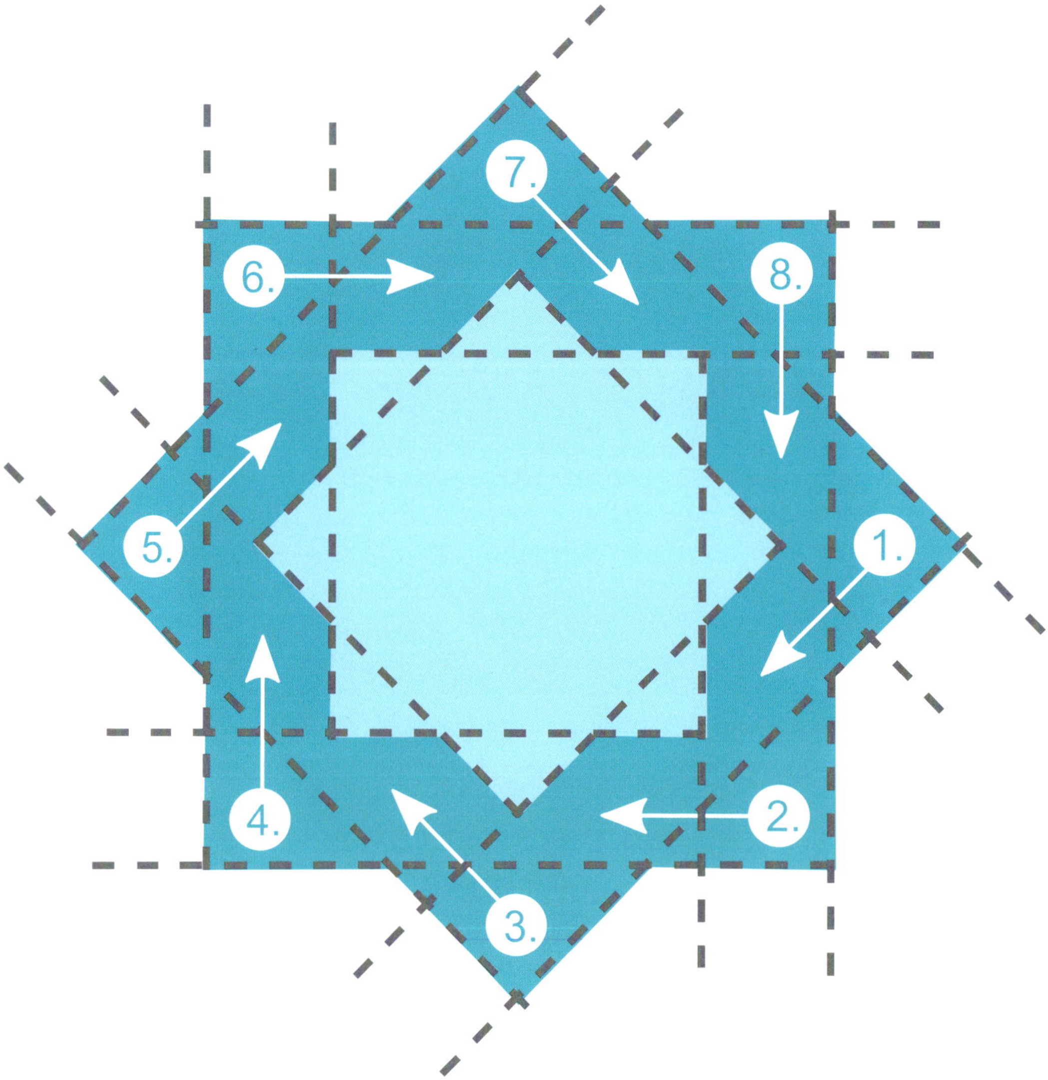

Schablone 8er-Stern
- Streifenbreite 1,5 cm
- Streifenbreite 2,5 cm

Vorlagen

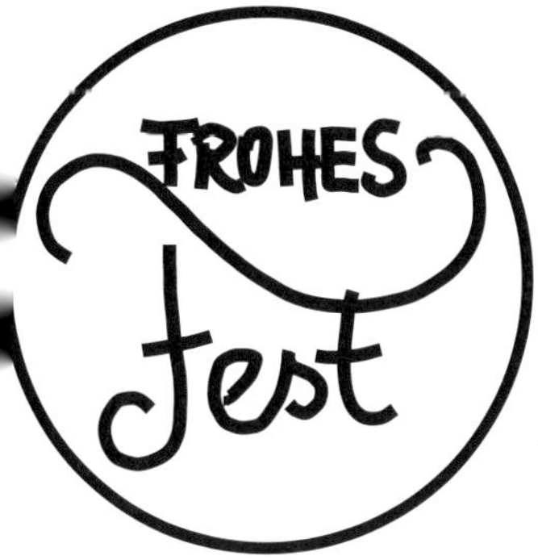

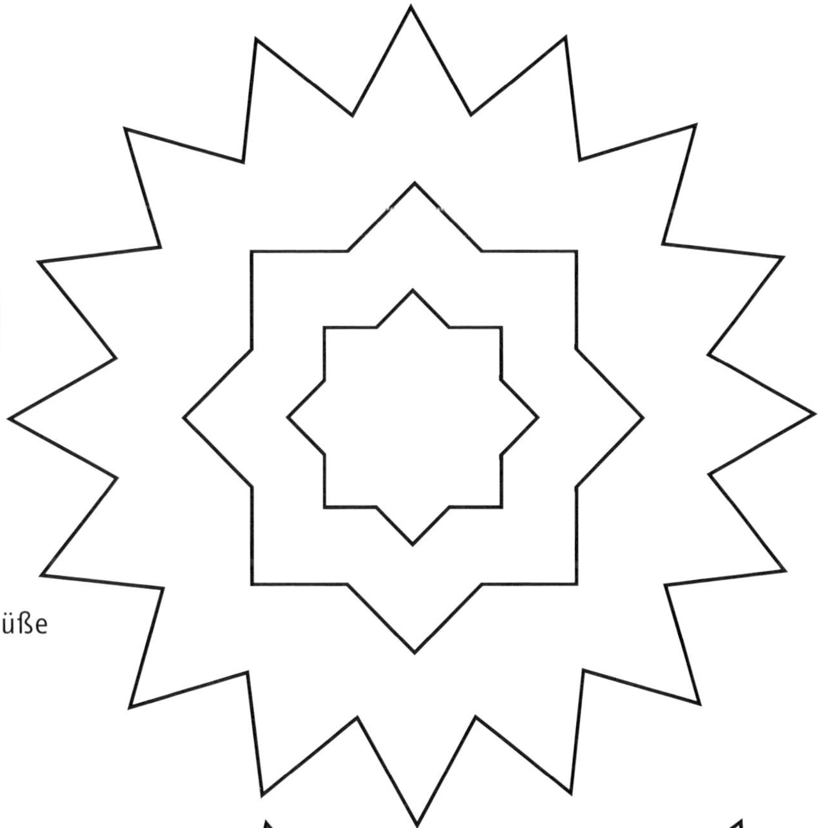

Festliche Weihnachtsgrüße
SEITE 42

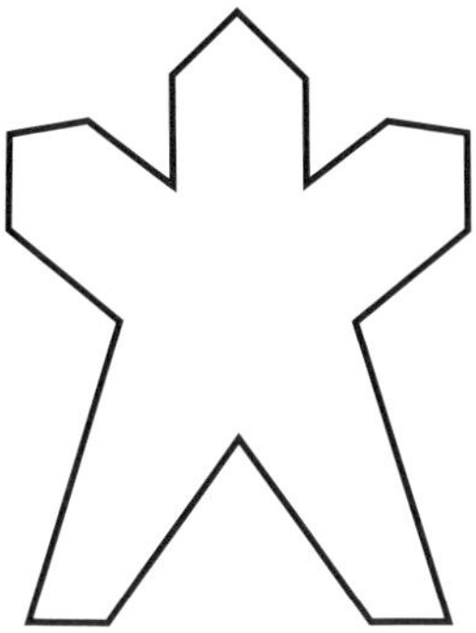

Schneeflocken
SEITE 40

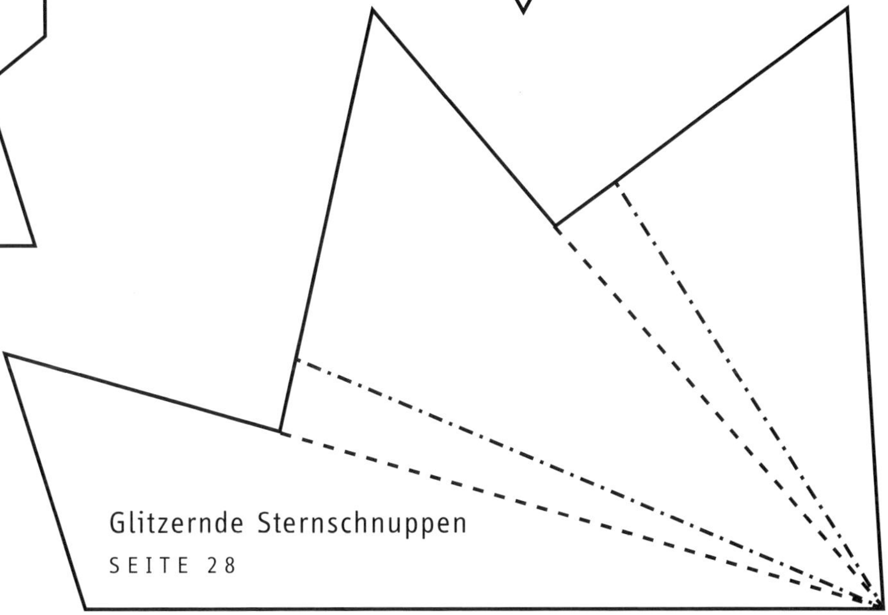

Glitzernde Sternschnuppen
SEITE 28

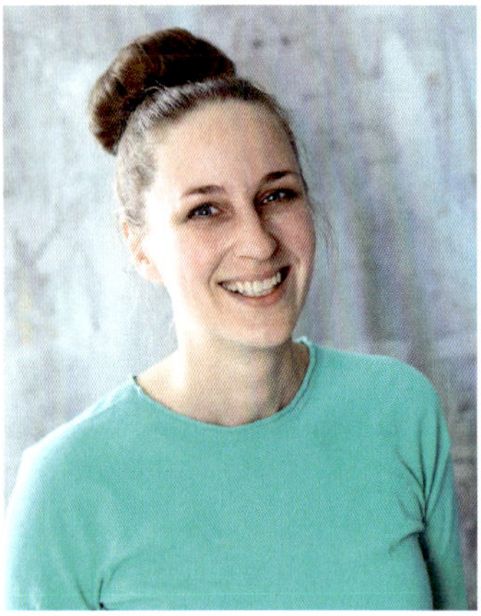

Susanne Pypke arbeitet als freie Lektorin und Kreativ-Autorin im Stuttgarter Westen. Ihre Leidenschaft für das Selbermachen hat sie schon früh entdeckt. Nichts war schöner, als an Regentagen zu basteln, in Mamas Nähkästchen zu kramen oder die Gerätschaften in Papas Werkstatt auszuprobieren. Ihr Können setzt sie bis heute in zahlreichen DIYProjekten um. Ein kleiner Ausschnitt davon ist auf ihrem Kreativblog fraeuleinfloh.blogspot.de zu sehen.

DANKE!

Wir danken den Firmen Marpa-Jansen, Mönchengladbach und Rico Design, Brakel für die freundliche Unterstützung mit Materialien.

TOPP – Unsere Servicegarantie

WIR SIND FÜR SIE DA! Bei Fragen zu unserem umfangreichen Programm oder Anregungen freuen wir uns über Ihren Anruf oder Ihre Post. Loben Sie uns, aber scheuen Sie sich auch nicht, Ihre Kritik mitzuteilen – sie hilft uns, ständig besser zu werden.

Bei Fragen zu einzelnen Materialien oder Techniken wenden Sie sich bitte an unseren Kreativservice.

hilfe@frechverlag.de
Telefon 07 11 / 123 757 20

Das Produktmanagement erreichen Sie unter:

pm@frechverlag.de
oder:
frechverlag
Produktmanagement
Dieselstraße 5
70839 Gerlingen
Telefon 07 11 / 8 30 86 68

LERNEN SIE UNS BESSER KENNEN! Fragen Sie Ihren Hobbyfach- oder Buchhändler nach unserem kostenlosen Magazin **Meine kreative Welt**. Darin entdecken Sie zweimal im Jahr die neuesten Kreativtrends und interessantesten Buchneuheiten.

Oder besuchen Sie uns im Internet! Unter **www.topp-kreativ.de** können Sie sich über unser umfangreiches Buchprogramm informieren, unsere Autoren kennenlernen sowie aktuelle Highlights und neue Kreativtechniken entdecken, kurz – die ganze Welt der Kreativität.

Kreativ immer up to date sind Sie mit unserem monatlichen **Newsletter** mit den aktuellsten News aus dem frechverlag, Gratis-Bastelanleitungen und attraktiven Gewinnspielen.

IMPRESSUM

FOTOS: frechverlag GmbH, 70839 Gerlingen; lichtpunkt, Michael Ruder, Stuttgart; Susanne Pypke (alle Arbeitsschrittfotos)

FALTSKIZZEN: Susanne Pypke

PRODUKTMANAGEMENT und LEKTORAT: Eva Schrecklinger

HERSTELLUNG: Sophia Höpfner, Jessica Siebert

GESTALTUNG: Fotosatz H. Buck

DRUCK: POLYGRAF PRINT spol. s r.o.

6. Auflage 2024

ISBN 978-3-7724-4377-0 • Best.-Nr. 4377

MIX
Papier | Fördert gute Waldnutzung
FSC® C023577

Penguin Random House Verlagsgruppe FSC® N001967